1.ª edición: 2024
2.ª impresión: 2024

Equipo editorial
Coordinación editorial: Mila Bodas
Edición: María Sodore
Diseño de cubierta: Carolina García
Maquetación interior: Estudio GRAFIMARQUE, S.L.
Corrección: Carlos Miranda de las Heras
Locución y edición de audio: Alta Frecuencia y Bendito Sonido
Las locuciones en las que aparecen personajes famosos son adaptaciones de entrevistas reales.
Sin embargo, las voces son interpretadas por actores.

ISBN: 978-84-9081-881-7
Depósito legal: M-5214-2024

PAPEL DE FIBRA
CERTIFICADO

TRANSCRIPCIONES

EXAMEN 1

Pista 1. Tarea 4, p. 15

Tú no sabes que no sabes lo que pasa

El problema es que tú no sabes que no sabes lo que está pasando. Repiten mensajes idénticos: no solo controlan el contenido de las noticias, sino que dictan de qué se habla y de qué no se habla. En el libro *Manufactura del consentimiento*, de Noam Chomsky, se habla sobre una teoría de los medios, sobre cómo son un gran aparato de manipulación para convencerte de que lo que necesitas es lo mismo que le conviene a la élite poderosa que domina el mundo.

Hay mucha gente que se refiere a periódicos famosos como si fueran una foto fidedigna de la verdad, pero olvidamos que realmente los medios no son imparciales. Además, son poderes privados que en su mayoría funcionan como empresas; es decir, buscan la rentabilidad, lo cual distorsiona, pervierte y modifica nuestra relación con la información. Un periódico, un canal de televisión… son empresas, necesitan vender para continuar existiendo. Esta lógica de la ganancia, que no es realmente buena o mala, atraviesa a las personas que trabajan en estas empresas de medios. No es que la gente sea mala, quiera mentir o engañar. Hay un filtro natural en este proceso por la propia relación que tiene como modelo de negocio empresarial y contenido resultante. Se dice que el medio opera con cinco filtros. Primero, tenemos que pensar en el medio como empresa con dueños e inversionistas que buscan ganancias, y, bajo la lógica del capital, todo es secundario respecto a eso. El segundo filtro es que todas las empresas de medios, de alguna manera, funcionan con anunciantes: el verdadero cliente de los medios es el anunciante, son los patrocinadores. Nosotros no somos el cliente, sino un producto: nuestros datos, nuestra información y nuestras preferencias se venden a los anunciantes para que hagan anuncios más específicos que lleguen directamente a nosotros y a nuestros intereses. El tercer filtro es la elite mediática: los líderes de opinión de los medios, que marcan la pauta narrativa de lo que se puede hablar o no, cuáles son los temas importantes, cuál es el ángulo para acercarse a estos problemas… Estas elites mediáticas, además, cierran la puerta a todas las voces divergentes, subversivas o de alguna manera contrarias a su postura. El cuarto punto importante para la manufactura del consentimiento es la censura, tal cual: más allá de manipular y distorsionar las noticias, hay temas de los cuales simplemente no se habla, llegando al punto de adoptar restricciones legales para que no veamos algún ángulo específico sobre lo sucedido o un evento histórico importante para nuestra memoria histórica. El quinto punto importante para la manufactura del consentimiento es la creación de un enemigo común. Es muy normal que algunos medios con determinados sesgos ideológicos traten de crear un enemigo, porque imagínate lo difícil que es explicar a la gente la complejidad del cambio climático o del riesgo ambiental en que estamos viviendo. Es mucho más fácil decir que el verdadero enemigo es tu responsabilidad individual, y si tú tomaras buenas decisiones, no habría ningún problema de cambio climático. De hecho, la idea principal de la manufactura del consentimiento es lograr que la mayoría ignorante piense que por voluntad propia está de acuerdo con la minoría dominante, sembrar en nosotros la semilla de que las ideas son nuestras. Después, un político en la tele nos prometerá resolver ese problema con un enemigo común, con un encuadre conveniente, escondiendo sus intereses económicos, y todavía tendremos la soberbia de decir: «Estoy de acuerdo con él porque pienso igualito que él». Esto va de nuevo en directa oposición con la idea de que los medios son un contrapeso para la corrupción política, que la libertad de los medios es importante porque contrarrestan la corrupción, cuando no es así. Realmente, lo que está pasando es que hay una lógica por detrás del propio funcionamiento mediático, que es la lógica del capital, del interés financiero. Esa lógica, aun silenciosa y muy sutil, dobla la mano de todas las decisiones que se toman dentro de un medio y acaba perpetuando las condiciones materiales que la permiten y la producen. Entonces, cuando os comunico este mensaje, os quiero recordar que lo peligroso de esto no es que no sepas lo que está pasando, sino que la gran mayoría de la gente ni siquiera sabe que no sabe lo que está pasando.

720 palabras

Adaptado de www.youtube.com

La telebasura

Hombre: La televisión se ha convertido en una columna vertebral comunicativa en la sociedad, aunque sus objetivos de informar, educar, culturizar y entretener van desdibujándose cada vez más. Hablaré del uso de este medio como entretenimiento. Estas notas se refieren a España, concretamente a la denominada *telebasura*.

Primero, debemos situar la recepción de contenidos de telebasura por parte de los televidentes en su tiempo de ocio. La telebasura se caracteriza por la degradación de contenidos y lenguaje, lo que aleja a la televisión de su función educativa y cultural y crea una imagen de la vida ausente de perspectiva ética.

Este fenómeno abarca una amplia gama de contenidos, desde la invasión de la vida privada hasta la creación de personajes ficticios que se convierten en elementos de referencia, junto a los espectáculos que incluyen violencia o pornografía. La *prensa del corazón* también ha invadido la televisión con contenidos clasificables como *telebasura*. La ausencia de ética y el mal gusto en el lenguaje utilizado sirven para medir los efectos negativos de este fenómeno.

Mujer: Se emiten estos programas porque alcanzan elevadas audiencias, con la consiguiente captación de publicidad y el aumento del beneficio económico. Sus argumentos para actuar así son el de la libertad de expresión y el de satisfacer la demanda de la audiencia. En cuanto a lo primero, no creo que pueda situarse el tema de la libertad de expresión en este terreno, aunque no exista una legislación restrictiva al respecto.

En segundo lugar, la pregunta es quiénes son los televidentes y por qué se sienten atraídos por estos programas. Sociológicamente, estos abarcan un amplio espectro de la población, con una mayoría masculina y, especialmente, con menor nivel educativo.

Hombre: Legislar restrictivamente sobre esta materia podría considerarse un atentado contra la libertad de expresión, pero se impone la elaboración de un código deontológico aceptado por todas las partes interesadas, en el que se contemplen las distintas formas en las que se puede expresar la telebasura.

Mujer: Algunas cadenas han establecido criterios restrictivos para salvaguardar a los niños. El Gobierno y los directivos de las cadenas han firmado un código relativo únicamente al horario infantil, tratando en este terreno de evitar los contenidos violentos. Pienso que es plausible proteger a los niños y a los jóvenes, tal como se pretende, pero también a todas las edades, con un órgano de gestión que lo aplique con seriedad y rigor, y con una visión que tenga en cuenta el buen gusto y la protección de los derechos fundamentales de los ciudadanos.

Hombre: En una sociedad como la nuestra, que aspira a un nivel de democracia cada vez mayor, debe recordarse que los medios de comunicación, por su propia naturaleza, desempeñan una función de servicio público, y deberían tener por objetivo proteger el interés general. Su finalidad es básicamente informar, educar y culturizar, y, por lo que respecta a los espacios de ocio, bajo ningún aspecto deben constituir un instrumento de degradación de gustos y costumbres, con el consiguiente riesgo de mimetismo y de imitación por parte de los receptores.

Dada la importancia de la publicidad como forma de expresión cultural, no cabe duda de que los contenidos de los programas de telebasura pueden tener también incidencia en los mensajes publicitarios, con el riesgo añadido que significa.

Mujer: La tarea de abordar este problema recae en educadores, intelectuales, líderes de opinión, gobernantes y políticos, todos con una importante responsabilidad. Se espera lograr una autorregulación efectiva, respetada por todos los actores involucrados en este desafío que afecta a la sociedad civil. En todo caso, hago votos para que se consiga esta autorregulación efectiva y que sea respetada por todos los actores implicados.

608 palabras   *Adaptado de https://telos.fundaciontelefonica.com*

Entrevista a Jordi Hurtado

Entrevistadora: ¿Qué es lo que nos da Jordi Hurtado? Buenas tardes.

Entrevistado: Buenas tardes, María.

Entrevistadora: ¿Qué nos das?

Entrevistado: Bueno, es qué me da el programa, ¿verdad?, qué me da la tele, qué me da disfrutar del trabajo, disfrutar de que estás haciendo lo que te gusta. Y doy pues todo, todo a los seguidores de *Saber y ganar*, porque cada día son tantos y cada día se multiplican…

Entrevistadora: Así es, Jordi. Es un programa con cifras de audiencia altísimas en el pasado, pero es lo que decimos siempre: *Saber y ganar* mira al futuro, porque el otro día me decían que es el tercer contenido de La 2 con más espectadores en RTVE Play.

Entrevistado: Hombre, ¡qué bien! Gracias por la noticia. No lo sabía. Sí, como dices, es un programa con mucho futuro. Estamos llegando a las nuevas generaciones, estamos en la plataforma, en todas las formas de ver la televisión que hay hoy en día. Y eso es lo importante: que el programa se renueva, innova, está cambiando pruebas, está yendo a la gente joven.

Entrevistadora: ¿Cuál es el secreto? ¿Cuál es la fórmula del éxito?

Entrevistado: Bueno, es un conjunto de cosas que se han unido desde la creación del programa, que, a diferencia de otros concursos que estamos viendo, son importados. Son programas o fórmulas, y es absolutamente lícito, que existen en todas las televisiones del mundo. Entonces, lo que se hace es la versión española. Este programa no, este tiene esa artesanía que se ha creado aquí y lo vamos modificando. Y luego, está la forma de hacerlo, la forma de los guiones, de las preguntas, y el hecho de que los concursantes también llegan a empatizar con los espectadores. *Saber y ganar* ha dado una gran importancia a los concursantes. El espectador los conoce por su nombre.

Entrevistadora: ¿Cuál ha sido el concursante que más tiempo ha estado?

Entrevistado: Bueno, los que más tiempo han estado son los que han llegado a 200 programas. El máximo que se permite son 100, y tenemos varios que han estado 100 programas y que, después, se han reincorporado por celebraciones como la de los 20 años. Y son tan buenos que han llegado a estar 100 programas más; o sea, que tenemos cuatro que han estado 200 programas.

Entrevistadora: ¿Te sorprenden todavía cuando responden a preguntas que tú crees que son absolutamente imposibles de contestar?

Entrevistado: Siempre. Me sorprenden muchísimo. Ayer, cuando estábamos grabando, bueno… Es que me sorprendía. Pensaba… ¿cómo puede saber esta respuesta? Bueno, son personas que son esponjas, que tienen mucha curiosidad, mucha inquietud… Y, bueno, saben de muchísimas cosas.

Entrevistadora: Pero a ti también te ha quedado mucho. Hombre, haciendo las preguntas… Es que eres una enciclopedia tú también. El otro día, en la rueda de prensa ya dijimos que contigo al Trivial no podemos jugar. Me ganarías.

Entrevistado: No sé, no sé, María, tú eres una persona muy cultivada. Yo creo que lo importante de los concursantes de *Saber y ganar* es que son capaces de retener cosas y también de relacionarlas. Tenemos ahora un concursante, que lo verán próximamente los espectadores, increíble. Increíble por su capacidad de relacionar las cosas.

Entrevistadora: Eso es una satisfacción. Que vayan pasando los años y que la gente todavía te mire con ese cariño y con esas ganas de darte un abrazo y de quererte, eso es una satisfacción a nivel personal y eso no te lo quita ya nadie.

Entrevistado: Es lo mejor que puede tener un profesional de la televisión en estos momentos. No, no que veas un índice de audiencia («¡Ay, qué bien! ¡Cuántos millones de personas nos ven!»), sino que te quieran. Nosotros hacemos el trabajo y le pones ahí ganas, le pones cariño para que llegue a los espectadores, pero que tengas precisamente esa vuelta de cariño, eso es lo mejor que puede tener un profesional en estos momentos.

Entrevistadora: Sí, ahora que no nos oye nadie, Jordi, te lo pregunté y vuelvo a insistir, porque yo, como chicarrona del norte, vuelvo a hacer la pregunta. Vamos a ver, pasan los años y tú sigues igual, aparte de tomar chocolate, que me dijiste que era un chocolate de, de… ¿Cuánto? ¿85 %?

Entrevistado: Sí, sí, 85 %.

Entrevistadora: ¿Qué más haces para estar como estás? Que año tras año te seguimos todos viendo igual.

Entrevistado: ¿Qué hago? Yo creo que estar activo, que hago *Saber y ganar*. Por ejemplo, pues lo que decíamos antes, pasarte tantas horas activo, moverse, estar activo en todo, en todos los sentidos, ¿no? En lo de estar al día…

767 palabras

Adaptado de https://www.youtube.com

Pista 4. Tarea 7, p. 18

Persona 0

Mujer: Si para ti está claro qué es lo que están tramando al retirar nuestra noticia, pues muy bien. Yo sigo teniendo la mosca detrás de la oreja: a mí no me engañan.

Persona 1

Mujer: La verdad es que cuando escuchamos la noticia en televisión nos quedamos de piedra. Parecía un pueblo tranquilo, donde todo el mundo se llevaba bien…

Persona 2

Hombre: ¿Que la aplicación de audiolibros no está disponible? ¿Estás de broma? ¡Pero si ayer renovamos la suscripción!

Persona 3

Mujer: Yo pongo la mano en el fuego por este chico. Es un buen periodista, lo conozco y, además de preparado, su trayectoria es intachable.

Persona 4

Hombre: ¿Fuiste tú quien difundió el bulo sobre la chica secuestrada? ¡Ya te vale! Vuelve a hacer algo así y te pongo de patitas en la calle.

Persona 5

Hombre: Estoy en vilo. Todavía no han confirmado nada sobre la expropiación de las viviendas en la televisión.

Persona 6

Mujer: El productor está dando botes. Su programa ha conseguido unas cifras de audiencia que marean: el tercero más visto de la cadena.

Persona 7

Mujer: Lo intenté con todas mis fuerzas, pero no conseguí el puesto de redacción. En fin, qué se le va a hacer. Ya saldrá otra cosa, ¿no?

Persona 8

Hombre: No voy a dar mi brazo a torcer. Ya pueden suplicarme veinte veces para que realice la entrevista, lo llevan claro…

Escuchar audiolibros

¿Tiene algo de malo escuchar audiolibros? Pues no. Si comparas la actividad de escuchar una historia literaria o un texto utilitario –bueno, yo particularmente nunca he escuchado un audiolibro científico– y lo comparas con lo banal del entretenimiento que encuentras en cada ambiente al que vas, de hecho, es algo fantástico. Siempre es genial que te cultives a ti mismo, estés donde estés. Sobre todo, es que puedas aprovechar los tiempos muertos. Por ejemplo, la gente que viaja durante horas a su trabajo o a su centro de estudios, gente que tiene empleos con largos periodos de inactividad… Yo cuando salgo del gimnasio –y no veo los resultados–, por lo menos puedo decir que me acabé un libro. Pero vamos al siguiente punto, cuando la gente se pregunta si es válido leer un audiolibro y de repente advierten que hay una trampita de por medio. Ah, porque mucha gente puede decir lo obvio: que si no lees en papel entonces no estás leyendo. Desde luego que sí: después de todo, las orejas no pueden leer un libro, pero hay algo esencial que se activa en la mente de quien escucha y es lo mismo que se activa en la mente del lector, que se llama *imaginación*. Un tercer punto sería el siguiente: ¿es igual escuchar un audiolibro que leer un libro?

Por ejemplo, supongamos que estamos hablando de *El Quijote de la Mancha*. El 10 % de semejanza con el libro podrían ser los grabados de Gustave Doré, que son buenísimos, pero que, por limitaciones de formato, no son capaces de reproducirnos toda la historia, sino solo las imágenes. Y por eso, por las imágenes, todos los chicos que no han leído *El Quijote* suelen comentar esta escena de los molinos, donde no saben cómo los personajes llegaron ahí y hacia dónde fueron después. En fin, sigamos. El cómic de *El Quijote de la Mancha* podría llegar por su combinación gráfica y textual a un 50 % de similitud con la obra. Una película como la dirigida por Manuel Gutiérrez Aragón, *El caballero don Quijote*, que intenta serle más o menos fiel a la segunda parte del libro, quizás podría llegar hasta el 70 % del libro. Entonces, ¿qué hay en ese limbo del 30 % restante? Pues el espacio a la interpretación: el libro como obra original es una entidad abstracta, sin rostros, sin voces, sin sonidos, sin olores, sin percepciones…

Está diseñado así para que sea el mismo lector el que aporte estas imágenes a partir de sus vivencias. Por ejemplo, por más que el libro te diga que las manzanas son rojas, ese rojo será distinto en todas las mentes de los lectores. Ahora, ponte a pensar qué pasaría si añadimos a esta lista los personajes, las voces, los lugares y todo lo que se menciona en un libro. Es por eso por lo que no se puede decir que ver la película es igual que consumir el libro, por más fiel que esta le sea a la obra original. Ahora bien, con el audiolibro pasa una cosa curiosa: el audiolibro tiene la ventaja sobre la película de que no adapta la obra, sino que es la obra en sí, pero no llega a toda la abstracción a la que sí llega la obra escrita porque hay una interpretación de por medio, y es la interpretación sonora. Ya no es tu mente la que lee y aporta voces a los protagonistas, sino es que hay de por medio un narrador. Y si bien hay narradores más neutros que otros, la sola intervención de una voz ajena condiciona un poco la experiencia de lectura. De tal modo que yo podría decir que el audiolibro podría llegar a ser el 90 % de similitud con la obra original, dependiendo de características como la entonación, la música, los efectos de sonido… Mientras menos variantes haya, va a ser más abstracto; mientras más variantes incluya, será más condicionado y, por tanto, tendrá menos similitud con la obra escrita. Por eso, yo recomiendo audiolibros con narradores neutros, sin sonido de fondo, sin música y sin mucha inflexión. Así que, en resumen: ¿es malo escuchar un audiolibro? No. ¿Es válido escuchar un audiolibro? Pues sí. ¿Es igual escuchar un audiolibro que leer un libro? Ah… casi. Definitivamente, es preferible leer un libro con calma y detenimiento, lo disfrutas más. Sin embargo, si se trata de aprovechar tiempos muertos sin distraer la vista, entonces es perfecto. Y no te sientas mal porque algún fanático de la lectura te diga que *no*. Al final, puedes ponerte a discutir con él y comprobar que, efectivamente, los conocimientos que tú tienes desde el audiolibro son casi los mismos que él tiene desde la lectura impresa o digital.

791 palabras

Adaptado de www.youtube.com

Pista 6. Tarea 4, p. 39   Acento mexicano

Pasión por la arqueología: Chichén Itzá

Chichén Itzá, un nombre muy extraño para una ciudad; su origen hay que buscarlo en el pasado. Chichén Itzá evoca sin rodeos lo que la hizo tan famosa, su enorme pozo natural *ts'ono'ot*, devorador de víctimas humanas, y sus fundadores, los itzá, convertidos en señores de sus aguas sagradas.

Modesto centro de peregrinaje maya durante el periodo clásico prehispánico y abandonada hacia el año 900, la ciudad se convierte, bajo el impulso de los itzá, en una importante metrópoli militar, política y religiosa donde se mezclan las dos culturas, maya y tolteca. Durante doscientos años, la ciudad disfruta de un esplendor sin igual y sus dirigentes ejercen su supremacía sobre todo Yucatán. ¿El secreto de este ascenso vertiginoso? Las invasiones, las guerras y alianzas alternas, las horrendas prácticas de los sacrificios, el arte de la propaganda, pero también ingeniosas innovaciones políticas y culturales desconocidas hasta entonces. De los itzá, los mayas decían en cambio que eran salvajes, vulgares, incultos y sin moral… ¿Cómo eran exactamente? ¿Quiénes eran los itzá? En este aspecto divergen las opiniones de los investigadores. Según las crónicas antiguas, especialmente los libros del *Chilam Balam,* los itzá procedían del pueblo tolteca, de lengua náhuatl, y originaria de Tula, en la altiplanicie mexicana. Guiados por su jefe, habrían tomado la ruta de Yucatán entre el año 928 y el 948 por razones políticas y económicas y habrían hecho irrupción en el país de los mayas.

Michel Antochiw, historiador, vive en Yucatán desde hace muchos años; para él los itzá derivan de la cultura maya; no eran nada extraños en la zona: «Provenían, ciertamente, de una zona que estaría situada entre Tabasco y Petén, en Guatemala. En esta región posiblemente también entrarían en contacto con la población náhuatl de la altiplanicie».

La metrópoli se extiende sobre trescientas hectáreas. A una cierta altura, rápidamente nos sorprenderá su organización, muy lejos de nuestras concepciones occidentales.

Contrariamente a lo que se conocía en el Viejo Continente, el plano de las ciudades prehispánicas no era en cuadrícula, y las calles no estaban flanqueadas por edificios.

Siempre se pensó que el sector sur correspondía a la ciudad antigua, levantada por los mayas antes de la llegada de los invasores, mientras que la parte norte correspondía a la ciudad nueva, construida por los itzá toltecas.

A la luz de los jeroglíficos recientemente descifrados, una gran parte de investigadores actuales afirma que las dos zonas son coetáneas y que el conjunto es el fruto de una estrecha fusión entre dos pueblos.

Partidarios de la integración e innovadores en la manera de gobernar, los itzá saben también comunicarse. En aquella época, la mayor parte de su población no sabía ni leer ni escribir. ¿Cómo dirigirse entonces a las masas? ¿Cómo obtener la adhesión a los programas político-religiosos concebidos por sus dirigentes? Mediante una puesta en escena eficaz del espacio urbano y de sus monumentos. El principio es sencillo: orientar de manera sistemática la mirada del espectador y suscitar en él la sorpresa, la emoción, el respeto y el temor reverencial, sensaciones que favorecen la concentración mental y evitan cualquier distracción e incertidumbre. Para ello, el arquitecto maya-itzá combina a ultranza el efecto de las luces y las sombras, las superficies, las formas y volúmenes, los colores. Elementos omnipresentes y fundamentales, las escaleras. Por todas partes rompen la unidad del paisaje urbano e invitan a la imaginación a elevarse aún más alto en su preocupación obsesiva de comunicación entre el mundo terrestre y celeste.

En el corazón de este vasto tejido urbano, el eje que une los dos *ts'ono'ot* de la ciudad, se yergue uno de los monumentos más célebres de la región del Mayab, el auténtico abanderado del pensamiento cosmológico precolombino. A pesar del nombre que le dieron los españoles, *el castillo,* se trata de un santuario dedicado a la antigua y misteriosa divinidad antropozoomorfa Quetzalcóatl, la serpiente con plumas venerada en Teotihuacán y bautizada Kukulcán por los mayas.

Más allá de sus prácticas sanguinarias, comunes al parecer a todos los pueblos precolombinos e intrínsecas con el mantenimiento del orden cósmico más que a una sed desenfrenada de violencia, los itzá fueron los artífices del renacimiento social, político, religioso y artístico de Chichén Itzá, contribuyendo así a su perennidad.

699 palabras   *Adaptado de www.ivoox.com*

El flamenco

Mujer: El flamenco puede definirse como una manifestación artística y cultural en la que se incluyen el baile, el cante y la guitarra. El flamenco es conocido en casi todo el mundo por ser capaz de transmitir una gran intensidad emocional a través de profundos lamentos en el cante, rasgueos de guitarra, potentes zapateados y bellos movimientos de brazos de sus bailaoras y bailaores. El origen del flamenco se remonta al pueblo gitano procedente de India, que trajo consigo su música fusionándola con la que iba encontrando en su camino y, por supuesto, en la propia Andalucía. De este modo, el flamenco es el resultado de la fusión musical de los pueblos, culturas y religiones que pasaron por Andalucía, es decir, la cultura de gitanos, árabes, cristianos y judíos.

Hombre: Además, se unieron elementos tradicionales andaluces, influencias africanas e incluso caribeñas. Obviamente, si atendemos a esas fechas, y como tú dices, comprenderemos que los gitanos llegados a Andalucía, entonces, tomaran contacto con las comunidades musulmanas y sefardíes. Y lo es por el hecho de la marginación que comenzaron a sufrir, por aquel entonces, dichas comunidades. Igual que en lo más hondo del *blues* laten el dolor y lo sombrío, en el corazón del cante flamenco anidan el desgarro y la pena.

Mujer: Y la marginación es caldo de cultivo perfecto para los sentimientos sombríos. Aunque a muchos pueda sorprenderles una fecha tan tardía, lo cierto es que las primeras formas de flamenco nacieron a mediados del siglo XVIII en Andalucía. Hay que tener en cuenta que, desde su llegada a España, los gitanos sufrieron una fuerte represión y marginación social, por lo que se unieron a otros grupos marginados como moriscos y judíos y a los andaluces más pobres, mezclando así todos estos tipos de música. Y, por otra parte, un rasgo del flamenco que puede acercarnos a su origen es su carácter eminentemente popular. No era una música nacida para ser ejecutada en teatros y otros foros públicos, sino para ser compartida en la intimidad de los hogares, entre iguales.

Hombre: Sí, es verdad. Y dicen que el flamenco se originó principalmente dentro de las familias gitanas en las cárceles y más tarde también en las minas. Por esta razón, las letras de las canciones y la forma en que son interpretadas reflejan el profundo dolor del pueblo gitano y el cante se convierte en un grito de dolor y rebeldía.

Mujer: Sin embargo, los tipos de flamenco que conocemos hoy en día se configuraron a partir del siglo XIX. Es en este momento cuando aparecen los palos flamencos, que son los diferentes estilos y se distinguen por el tipo de sentimiento que transmiten y por su ritmo. Es también a partir del siglo XIX cuando se realizan las primeras actuaciones en público, en las que los gitanos cantaban, tocaban y bailaban a cambio de un sueldo o de comida. El flamenco fue haciéndose cada vez más popular por toda España y actualmente se ha extendido a nivel internacional, convirtiéndose en uno de los grandes reclamos de la cultura española en el extranjero. En 2010, de hecho, el flamenco fue reconocido como patrimonio inmaterial de la humanidad por la Unesco.

Hombre: Durante la segunda mitad del siglo XX y en la actualidad, el flamenco se encuentra en una época de experimentación y fusión con otros estilos, como el *rock* o el *jazz*. Algunos amantes del flamenco puro piensan que estas fusiones son una manera de desvirtuar el arte original, mientras que otros opinan que la experimentación y la fusión son aspectos que han acompañado al flamenco desde su origen y que ayudan a enriquecerlo. ¿Qué opinas tú?

601 palabras   *Adaptado de www.ivoox.com*

Entrevista a Pedro Almodóvar

Entrevistadora: Suele decir: «Le tengo especial manía a lo autobiográfico». Nunca ha escrito ni una autobiografía ni ha permitido que otro la escribiera ¿por qué?

Entrevistado: Le tengo especial manía a lo autobiográfico, a pesar de que hay algunos cuentos de este libro que son directamente autoficción. Yo no me miro al espejo, no miro mis fotos. Me da pudor verme.

Entrevistadora: Algunos relatos los escribió con menos de 20 años. ¿Cómo ha sido enfrentarse a ellos? ¿Le reflejan más que sus películas?

Entrevistado: Me siento más expuesto en los relatos. A pesar de películas que hablan directamente de un director que se parece mucho a mí, en los relatos creo que no es tan evidente. En esos años me veo, y me veo donde los escribí. En el 78 mi escritura cambia radicalmente porque cambia mi vida, como cambia absolutamente la vida de los españoles.

Entrevistadora: Habla del peso de su educación católica en todo el libro, presente también en la sociedad española actual.

Entrevistado: Sigue presente y cada vez más. Hay cosas, por ejemplo, que han aparecido y que no existían entonces. Esa capacidad para sentirse heridos y esa susceptibilidad es muy peligrosa, porque se llama censura, y eso no existía en los años 80. Yo pude hacer *Entre tinieblas*, ponerla fuera de España y ponerla en *prime time* y no ocurrió nada.

Entrevistadora: En este momento de hipersensibilidad pública escribe un relato de Jesucristo y Barrabás, ¿no teme una reacción o es que ya ha perdido el miedo?

Entrevistado: El miedo, propiamente dicho, en los 80 ya lo perdimos, pero ahora mismo sí que hay que tener mucho cuidado con lo que dices y cómo lo dices.

Entrevistadora: Esa historia, la de Jesucristo y Barrabás, acaba con algo muy bonito, que es que la ficción cambia la historia oficial.

Entrevistado: Absolutamente. El director es una especie de dios que impone una realidad, aunque no sea la que se está viviendo. Yo era consciente cuando hacía películas en los 80 de que estaba imponiendo mi mentalidad sobre el mundo en el que vivíamos y que el mundo no era exactamente así. El director tiene ese poder.

Entrevistadora: Hay una escena en *Los Fabelman* en la que el protagonista presencia una discusión de sus padres y se imagina rodándola. ¿Se ha sentido así alguna vez, como un director fuera de la realidad?

Entrevistado: Hay una división natural entre el director y la persona, pero son dos realidades que se reflejan la una en la otra. En mi caso, por ejemplo, hay una imagen que tengo muy clara para ver cómo las dos realidades están una frente a la otra, y se complementan y se reflejan. En *La flor de mi secreto* hice un decorado igual que la casa de mi hermana María Jesús.

Entrevistadora: Sobre su madre… hay un relato que está más pegado a la realidad…

Entrevistado: Es el único que es, palabra por palabra, como un acta notarial de cómo yo me sentía el día que fuimos a enterrarla.

Entrevistadora: ¿Es el relato que más le ha costado incluir o releer?

Entrevistado: Sí, porque lo escribí justo después de su muerte. Tuve que releerlo y seguía emocionándome mucho, porque es muy al pie de la letra cómo se fue mi madre y cómo fueron los días inmediatos.

Entrevistadora: Y como creador, ¿cómo le afecta la muerte de su madre? ¿Hay un antes y un después en su obra?

Entrevistado: Sí. Me di cuenta en el momento. En *La flor de mi secreto* ella estaba presente hasta en los ensayos. También aparece como actriz en *Qué he hecho yo para merecer esto* en una escena muy manchega. Las madres nos dejaban al cuidado de las vecinas cuando no podían llevarnos con ellas.

Entrevistadora: En *Memoria de un día vacío* se ve a un Almodóvar muy descarnado, compartiendo sus miedos actuales, reconociendo que ha perdido el contacto con la gente, ¿le dio pudor escribir ese texto?

Entrevistado: A mí me da pudor todo. Siento pudor con la presentación del libro y, en ese sentido, me siento casi más expuesto en el libro, porque en el cine estoy más acostumbrado. Yo le temo hasta al Jueves Santo.

Entrevistadora: ¿Cómo se lleva ese aislamiento?

Entrevistado: He asumido que es así e intento también salir de ello. Me cuesta trabajo llamar a la gente y quedar para cenar o comer. Me he convertido en un misántropo, pero no es definitivo, salgo de ello de vez en cuando y estoy dispuesto a hacerlo más.

Entrevistadora: ¿Como creador se ha aburrido alguna vez?

Entrevistado: En los 80, en los 90 o incluso a principios de los 2000, la palabra *tedio* no existía en mi vocabulario. Era imposible, porque tenía tal cantidad de cosas que hacer, tal cantidad de gente que ver, que pensé que nunca me aburriría. Descubrí que sí, que te aburres y que te enfrentas a un día tedioso: es absolutamente una derrota.

821 palabras

Adaptado de www.eldiario.es

Persona 0

Hombre: Todo lo que te digo cae en saco roto, hijo mío. No quieres trabajar en la fábrica, no quieres estudiar Arquitectura…

Persona 1

Mujer: Estoy hecha polvo. Hemos ido a la exposición de cine y espionaje, y luego al Rastro. Habremos caminado como 10 kilómetros.

Persona 2

Mujer: Y ahora me cuenta que se le ha caído la escultura y se ha roto. Y pretende que me lo trague. Suena a cuento chino.

Persona 3

Hombre: Se me ha puesto la piel de gallina cuando he visto las fotos reveladas. ¡Eso es un fantasma!

Persona 4

Hombre: Ese escritor ha caído de pie. Ya ha ganado 3 o 4 premios literarios y no sé si se lo merece más que yo.

Persona 5

Mujer: Te estoy hablando con el corazón en la mano. Mi vocación siempre ha sido la ópera, desde pequeña.

Persona 6

Hombre: ¿Que vas a tocar la guitarra en el metro? ¡Estás como una cabra y no te lo voy a permitir! Cuando se entere tu madre a ver qué te dice.

Persona 7

Mujer: Metí la pata y le solté lo del cuadro de Velázquez que vi en Internet. Seguro que me suspende. Estoy con el alma en vilo.

Persona 8

Hombre: ¡Qué maravilla de cuadro! Debe de haberte costado un ojo de la cara. ¿Por qué te has molestado en comprármelo?

La moda que mata

Desde la Edad Media existen antecedentes sobre la anorexia, ya que las monjas seguidoras de San Jerónimo se imponían un ayuno voluntario hasta estar tan delgadas que perdían su menstruación. También la princesa Margarita de Hungría murió de inanición intencionada. Un ejemplo histórico adicional: una monja carmelita que solo comía hostia de la eucaristía durante 7 años.

Existen en Internet una serie de *blogs* con testimonios de mujeres jóvenes donde escriben un diario detallado con la obsesión de perder peso, el desprecio por la comida y el deseo de alcanzar la perfección.

Qué triste es pensar que las cosas se terminan si no te ves estéticamente bien para agradarles a los demás. O la idea tonta de creer que si no cabes en una talla pequeña no te permitirá entrar en el círculo de amigos que te aceptaría solo si tú mides 90-60-90. Es ridículo, pero la realidad es esa.

Primero, empecemos por diferenciar anorexia y bulimia, también llamadas Ana y Mia. La primera se caracteriza por el rechazo a la ingesta de alimentos, incluso llegando al ayuno total. En el caso de la bulimia se presentan periodos de voracidad con atracones de comida, seguidos de un sentimiento de culpa, ejecutando medidas como inducirse el vómito o laxarse. En ambos casos, el común denominador será el miedo aterrador a ganar peso o la obsesión por perderlo.

Son varias las causas que provocan estos desórdenes. Laura Elliot, en su libro *Anorexia y bulimia,* apunta que el rompecabezas para conformar un trastorno alimenticio tiene las siguientes piezas: los mensajes de los medios, influencia familiar, imagen corporal, baja autoestima, influencia de amigos, traumas, comentarios negativos acerca de la figura corporal, dietas y artistas como ideales.

La edad promedio en la que se presentan esas enfermedades es de los 12 a los 25 años, y su mayor incidencia se alcanza de los 12 a los 17. Sin embargo, el rango de edades se amplía cada vez más. Por otra parte, la anorexia y bulimia también están presentes en los niños, quienes se enfrentan a un doble discurso publicitario con el cual no es nada fácil convivir. Pues por una parte los invitan a comer una serie de alimentos deliciosos hipercalóricos para después, cuando sean adolescentes, tengan que emprender una carrera para obtener un cuerpo perfecto, a partir del consumo de productos *light*.

Los medios influyen de distintas maneras en el desarrollo de un desorden alimenticio. La imagen de las modelos, cantantes y actrices que ocupan las portadas de las revistas femeninas aparecen rodeadas de un halo de glamur: las prominentes clavículas, sus piernas y caderas delgadas, el rostro afilado con pómulos muy marcados, los huesos de las costillas y columna perfectamente visibles son inspiración para ir en busca de esa belleza ideal. Pero las propias princesas del glamuroso paraíso de la farándula han reconocido que no hay tal. Admiten, por la presión que existe en la sociedad de hoy, que esas fotografías están maquilladas y tienen iluminación especial. Otra de las formas en que los medios influyen es con la publicación de dietas milagrosas, productos que te dicen adelgazar casi de la noche a la mañana y ninguno cuenta con supervisión médica. Algo que sería muy importante en los medios sería generar conciencia, y no promoverlas si no están avaladas por ciertas instituciones o por la Secretaría de Salud, porque las chicas que ven o escuchan las dietas tienen riesgo de presentar estos trastornos y muchos medios aún no han asumido la responsabilidad de difundir y fomentar estos modelos estéticos.

Por otra parte, y según la Asociación de Lucha contra la Bulimia y la Anorexia, uno de cada diez jóvenes padece algún trastorno alimenticio. La OMS afirma que el índice de mortalidad por bulimia y anorexia en el mundo es de un 15 %, siendo el 90 % mujeres.

Es difícil entender la lógica y el desprecio por sí misma. La falta de autoestima y la suma de los anuncios en medios publicitarios por un cuerpo perfecto en cualquier chica predispuesta a sufrir estos trastornos son como darles un arma cargada para dispararse en cuanto la situación se rebase.

La moda que mata está terminando con los sueños y expectativas de muchas mujeres jóvenes y las no tanto. Las medidas que se toman para combatir este tema son pocas. Ana y Mia no son definitivamente las mejores amigas que uno espera tener. El ideal de la figura perfecta no existe: cada quien vale por lo que es y por lo que piensa y, aunque estemos todos de acuerdo, nada de esto es cierto si uno mismo no se lo cree.

764 palabras   *Adaptado de www.radioteca.net*

Pista 11. Tarea 4, p. 63   Acento mexicano

Pidiendo ayuda a los ángeles

Los ángeles pueden cambiar tu vida, y todo lo que tienes que hacer es pedirles que te ayuden, tan solo eso. Vamos a contemplar, alquímicamente, esta decisión, analizando sus cuatro condiciones necesarias.

QUERER: Doy por supuesto que quieres entablar esta comunicación y que deseas realmente pedir ayuda a los planos superiores de la existencia. El querer es el motor de todo. Si el motor falla, o ni siquiera existe, no habrá oportunidad ni posibilidad de llegar a la meta, ni de obtener el mínimo resultado, por mucho que esa meta y esos resultados, tan deseados, estén esperándonos tras el primer recodo del camino.

PODER: Todos podemos y todos pueden. Ni siquiera el hecho de no creer en la existencia de los ángeles es un impedimento para recurrir a ellos y para beneficiarnos de su ayuda. Es cierto que el poder de la fe enorme mueve montañas, pero en este caso su papel, aunque por supuesto ayuda a establecer la comunicación, no es primordial.

SABER: En realidad no existe protocolo ni normas establecidas; cualquier llamada, cualquier intento de dirigirnos a ellos que sea sincero y proceda del corazón les llegará, será escuchado y atendido. Sin embargo, para evitar interferencias, es bueno tener presentes las siguientes recomendaciones, que no son más que leyes universales aplicadas a este caso particular:

<u>Primera ley</u>: evitar las prisas y la precipitación.

Aunque me consta que las llamadas urgentes y desesperadas son puntual y atentamente atendidas, el contacto con nuestro ángel de la guarda, o con cualquier otro, se realiza mejor en una atmósfera de calma y tranquilidad tanto interior como exterior.

<u>Segunda ley</u>: tener presente, siempre muy presente, el inmenso poder creativo de la palabra.

La charla inconsciente y ociosa encierra siempre un peligro, y ese peligro se multiplica por mil cuando los términos que usamos tienen una carga transcendente o divina.

<u>Tercera ley</u>: tratar siempre de utilizar en nuestra petición el tiempo presente.

El tiempo y la dimensión temporal no existen más que para nosotros, hijos de las esferas y de las estrellas, habitantes del mundo visible. En el mundo invisible no hay tiempo ni dimensión temporal. Todo lo que existió, existe y va a existir, está siempre presente. Por ello, debemos esforzarnos en evitar el uso del pasado y del futuro, pues podría ser que, de otro modo, el ángel al que dirigimos nuestra petición le fuera más difícil captarla.

<u>Cuarta ley</u>: es necesario expresarse siempre de una manera positiva.

Al utilizar frases negativas, aun sin ser conscientes de ello, estamos ya imaginando la pérdida, la derrota, y eso es lo que transmitimos a los planos más sutiles de la realidad y a los seres que allí recogerán nuestras súplicas.

<u>Quinta ley</u>: tratar de considerar el asunto como ya resuelto e incluso incluir en nuestra petición el agradecimiento por haberlo recibido.

Se trata de evitar por todos los medios que, mientras nos afanamos en componer la petición de la mejor manera, nuestra mente esté en realidad transmitiendo: «Quiero esto, pero no tengo mucha confianza en que esta petición sirva para algo». ¿A cuál de ambas ideas deberán entonces ellos responder?

<u>Sexta ley</u>: ser muy cuidadosos, pues recibiremos exactamente aquello que estamos pidiendo, con toda una serie de implicaciones, inherentes al hecho o al objeto pedido, que tal vez ahora ni siquiera alcanzamos a imaginar.

<u>Séptima ley</u>: ser claros y concisos y tratar de evitar las incongruencias.

<u>Octava ley</u>: finalmente es importante dar las gracias.

Ello cierra y concluye el ciclo. La acción de gracias consolida lo obtenido y nos confiere el título de propiedad sobre ello. Omitirla es como dejar abierto un circuito por el que puede escaparse la energía con efectos indeseados.

ATREVERSE: El paso más decisivo es atreverse a abordar un tipo de comunicación y de relación totalmente diferente. Es la capacidad de movernos fuera de los esquemas que tenemos, de saltar sobre ellos y de mirar con ojos nuevos a la realidad; así, lo primero es atreverse a pensar que, pese al hecho de que nuestros sentidos no los capten, existe la posibilidad de que los ángeles sean una realidad, y de que una comunicación entre nosotros y ellos sea perfectamente factible.

Hay que comenzar la jornada mandando un pensamiento a los ángeles especialistas en nuestra actividad para que, desde el plano invisible, nos acompañen y nos ayuden.

717 palabras   *Adaptado de www.ivoox.com*

Pista 12. Tarea 5, p. 64

¿Existen los fantasmas?

Hombre: Yo creo que hoy casi nadie cree en Dios y casi todo el mundo cree en fantasmas, y eso me inflama, me hiere, porque yo, en el fondo, como psiquiatra, como neurocientífico, tengo otra visión. Como psiquiatra, sé que el miedo, la angustia existencial de la muerte, es el origen de casi todo lo paranormal. Es decir: nos vamos a morir, vamos a desaparecer físicamente. Quizás el ser humano no quiera desaparecer físicamente, se rebele contra eso, y entonces las culturas han proyectado una necesidad de ir más allá.

El fantasma, desde el punto de vista psiquiátrico, muchas veces es la proyección de un tema nuestro y no está clasificado en ningún tratado de bioquímica o biología molecular.

Siempre se ha dicho, y eso lo manifiesto como es, que por desgracia estos fenómenos, que no voy a entrar si existen o no, no pueden surgir cuando uno quiere, como en un laboratorio. Eso, ya de entrada, supone un hándicap para la investigación.

¿Por qué los científicos se oponen, en principio, a todo este mundo? Si la ciencia no sabe ni lo que está ocurriendo en el universo, ¿cómo vamos a creer además en fantasmas?

La ciencia intenta explicar los fenómenos de la forma más simple posible. Es decir, ¿esto se puede explicar en el 99,99 % de los casos como una alucinación? Siempre será esto preferible a pensar que viene de otro mundo. Una alucinación es un fenómeno patológico, producido por drogas, enfermedad, etc. Tenemos epilepsias, trastornos crepusculares, estados semiinconscientes, comas, personas que van a morir y tienen visiones, enfermedades mentales manifiestas, drogas, psicofármacos… Es decir, hay un montón de explicaciones a los fantasmas.

En encuestas gigantescas en EE. UU. sobre la creación, el 65 % de los que opinaban creía que el mundo se había creado en 7 días, lo cual quiere decir que la verdad no es votable y me preocupa ver que en España la gente sea más crédula que en otros países, lo que quizás tenga algún origen en la tradición, o en alguna razón histórica.

No me sorprende que el ser humano sea tan crédulo, porque es muy natural que crea en esas cosas, ya que necesitamos creer, pero todo científico persigue conocer la realidad lo mejor posible, y si tuvieran datos en este sentido, no los ocultarían jamás, sean difíciles o no de explicar.

Mujer: Yo os diría un detalle muy triste: hay gente que por sus creencias dice que cree en el más allá, es decir, que todos vamos a un más allá, y luego les cuesta creer en esa parte del más allá. Eso habría que matizarlo, porque para mí los fantasmas no son los que están en el más allá, son los que no se han ido del todo, por distintas razones y, sin embargo, esas personas no creen en ello.

El fantasma se comporta de una forma inteligente, interactúa con el testigo, le da información que en muchos casos el testigo no conoce y que posteriormente se comprueba que es verdad.

El doctor Barnard, antes de ser el famosísimo cirujano que es, estuvo ingresado en una clínica por una hepatitis viral. Cuenta que una noche, en su habitación, llama al timbre porque siente bastantes molestias y no puede conciliar el sueño. La enfermera tarda mucho y al rato ve entrar en su habitación, pero no andando, sino como flotando, una imagen de una mujer que le coge de las dos manos. Él se asusta, la rechaza y entonces esa mujer, por su levedad, curiosamente, tiene un retroceso y desaparece por un muro. Al rato, viene la enfermera y dice: «Perdone, usted, doctor Barnard, es que no he podido venir antes porque ha fallecido la paciente que tenemos al lado de usted». Barnard lo cuenta en una entrevista impresa, y dice: «¿Era así: con el pelo cano, los ojos azules, no sé qué…?». La enfermera dice: «Sí, ¿y usted cómo lo sabe, doctor?».

Es decir, el fenómeno está ahí, porque ¿cómo puede ver a la señora que ha muerto en la habitación de al lado? Es decir, no es una alucinación de un prado verde maravilloso, un paisaje bucólico o una escena familiar. Lo que ve es a una mujer, con unas características, y luego la enfermera le dice que era la mujer de al lado.

El fantasma está clasificado y catalogado perfectamente en todos los tratados de parapsicología del mundo, no en los de química, por ejemplo, porque aún no conocemos la composición del fantasma, pero sabemos muchas cosas, como que alteran el campo magnético, que bajan la temperatura… es decir, vamos acercándonos, lo mismo que hace la ciencia en sus experimentos. Por eso, yo tengo fe en la ciencia, y llegará el momento en que esta fenomenología será aceptada científicamente.

789 palabras

Adaptado de www.mitele.es

Pista 13. Tarea 6, p. 65

Crisis y bloqueo emocional

Entrevistador: Vivimos tiempos difíciles. Hay personas que viven situaciones realmente complicadas como el desempleo. Hoy tratamos con una experta, que nos va a dar las claves para poder afrontar mejor este momento. ¿Qué tal, Carmen?

Carmen: Encantada de estar aquí.

Entrevistador: Decíamos que el paro provoca que la persona que lo sufre se encuentre en un estado de ánimo bajo, que muchas veces vea todo negro. Carmen, ¿cómo podemos atajar este bloqueo?

Carmen: Lo primero es darnos cuenta de cómo nos sentimos y de dónde nos vienen estas emociones. En muchas ocasiones, nos vienen porque hemos tenido otras entrevistas que no han salido como nosotros pensábamos, o porque hemos tenido muy pocas entrevistas en relación con el volumen de currículos que hemos enviado. Lo que ocurre es que realmente no estamos en la época que vivíamos hace diez años, estamos en otra época. El nivel de personas que buscan trabajo es mucho mayor que el nivel de puestos que ahora mismo hay, pero es importante que no perdamos el foco que es que a día de hoy hay personas a las que se las está contratando. Lo importante es centrarse en qué es lo que tengo que hacer para llegar a ser una de esas personas. Por lo tanto, una de las primeras cosas es cambiar nuestro estado emocional. ¿Y cómo hacerlo? Pues cambiando nuestra perspectiva sobre dónde nos estamos enfocando. Muchas veces nos centramos en lo que no conseguimos, pero no nos fijamos en las cosas positivas que sí tenemos.

Entrevistador: Propones que al irnos a dormir hagamos una lista de las cinco cosas positivas que nos han pasado en el día…

Carmen: Sí, porque cuando nosotros nos ponemos a pensar en cosas positivas realmente no las encontramos casi, solo vemos las cosas negativas, pero tenemos que obligarnos a hacer una pequeña lista y a escribirlas en un papel. Una cosa positiva no tiene que ser necesariamente *salvar el mundo*. Es decir, puede ser tan sencillo como que me tomé un café y en ese momento me sentí bien. Habitualmente, nos centramos en que no tenemos no sé cuánta cantidad de dinero en el banco, no tenemos esas vacaciones que sé que merezco y no he conseguido o no tenemos un montón de cosas. ¿Pero qué es lo que tenemos? Muchas veces, no nos damos cuenta de esas cosas que sí tenemos y no nos paramos a valorarlas.

Entrevistador: ¿Cómo podemos cambiar nuestro estado de ánimo para afrontar esa situación?

Carmen: Pues lo primero es cambiar ese estado emocional. Algunas de las sugerencias que podemos dar es utilizar la música. Todos tenemos alguna canción que nos anima más. Utilicemos música alegre para cambiar ese estado. Levantemos las persianas. Estemos con luz natural. La luz del sol es muy positiva para cambiar ese estado de ánimo. Uno mismo sabe qué cosas le alegran: meterse en Internet o en otro entorno o medio y oír unos chistes… cualquier cosa que nos haga reír.

Entrevistador: Otra recomendación que tú das es que tengo que llevar muy claro lo que yo puedo ofrecer y dar y lo que la otra persona espera de mí.

Carmen: Yo me atrevería a decir que es incluso más importante lo que la otra persona quiere. Por lo tanto, en una entrevista el que ahí manda es el que dirige. Desde el momento en que nosotros seamos capaces de hacerle ver que lo que él busca, su necesidad, nosotros se la podemos cubrir, será lo adecuado. Muchas veces, esa necesidad no la cubrimos con el currículum, con la carrera o con los títulos. La cubrimos con cosas mucho más sutiles como son la actitud, la predisposición… Nosotros tenemos nuestros problemas, nuestros miedos, nuestras situaciones económicas, pero esa persona que está allí delante, también las tiene. Ahora mismo, tiene que conseguir, probablemente con menos recursos, los mismos objetivos, o más, de los que tenía antes. Por lo tanto, ¿somos nosotros la persona que va a ayudarle?

Entrevistador: Dices que una de las claves es proponértelo.

Carmen: Decía mi madre, cuando yo era pequeña, que el que quiere estudiar estudia hasta en una banqueta y, por circunstancias de mi vida, lo he podido comprobar. Cuando quieres realmente algo, cuando te lo propones, predispones tu cabeza y tu cuerpo a buscar opciones y, como decía Aníbal el Cartaginés: «Encontraremos un camino o lo crearemos». Yo invito a eso, a que creemos nuevos caminos, nuevas posibilidades donde antes no las veíamos, porque lo que está claro es que tenemos que hacer las cosas de una manera distinta. Si las hacemos como las hemos hecho hasta ahora, llegaremos a los mismos sitios a los que también hemos llegado hasta ahora.

Entrevistador: Me quedo con eso: «Encontraremos un camino nuevo o lo crearemos». Muchas gracias, Carmen.

Carmen: Muchas gracias a vosotros. Hasta pronto.

799 palabras   *Adaptado de www.sermadridsur.com*

Pista 14. Tarea 7, p. 66

Persona 0
Mujer: Mira, no me vengas con que tú siempre has sido leal y honesto. Eso no te lo crees ni tú. Desaparece de mi vista, que estoy que muerdo.

Persona 1
Hombre: ¿Te acuerdas de que te conté que Carlitos últimamente andaba algo alicaído? Pensaba que era algo físico, pero cuando me dijeron que era psicológico se me hizo un nudo en el estómago.

Persona 2
Hombre: Ya sabes que me encanta el tema de las supersticiones. Así que en la reunión que hicimos para la redacción del artículo de la revista me sentía en mi salsa.

Persona 3
Mujer: Pobre Luisa, ya estabas al tanto de que empezó a ir al psicólogo hace dos meses, ¿verdad? Y ni por esas. Yo también intento que no esté sola y charlar con ella, pero no levanta cabeza.

Persona 4
Mujer: No imaginaba que me iban a dar la beca para el curso de antropología: había muy pocas. Por eso, cuando me enteré de que la había conseguido, me hinché como un pavo.

Persona 5
Hombre: La verdad es que fui un tonto. ¡En qué hora le conté a Javier lo de la aparición en mi cuarto! No me di cuenta de que me estaba grabando, y al día siguiente lo envió a toda la oficina. Cuando me enteré, pensé: «Tierra, trágame».

Persona 6
Mujer: ¡Figúrate! Marta, profesora de antropología, con un doctorado, estudiosa, reflexiva… Pues nada, el otro día va y me dice que los gatos negros daban mala suerte. Me quedé a cuadros.

Persona 7
Mujer: ¡Qué poca solidaridad hay actualmente! Estoy por no volver a mirar los periódicos. Fue leer esa noticia y se me cayeron los palos del sombrajo.

Persona 8
Hombre: Que sí, que sí, que es difícil, que estás bastante desmoralizado porque no sales de una y te viene otra, pero algún día cambiarán las cosas. Paciencia y ajo y agua. No hay más.

El número 13

Entrevistadora: El 13, un número que por suerte o por desgracia no es inocente. El 13 se relaciona desde la antigüedad con la mala suerte: hay edificios que no tienen planta 13, aviones que no tienen fila 13, hoteles que no tienen habitaciones número 13 y hospitales que no tienen cama 13. Incluso la Empresa Municipal de Transportes de Madrid no ofrece líneas de autobús con el número 13. O sea, que hay mucho supersticioso, mucho *triscaide-cafóbico* y no les quiero animar, pero esta semana vamos a vivir un bonito martes y 13. ¿Saben lo que vamos a hacer? Nos vamos a preguntar qué pasa con el número 13 porque hay que conjurar esto ya a principios de temporada, no vaya a ser que la cosa no acabe bien. José María, ¿tú le tienes manía al número 13?

José María: No, en absoluto, ¿por qué? Es una tontería, porque aquí trae mala suerte el número 13, pero si te vas a otro lugar es otro número el que trae mala suerte. En China, Corea, Japón, por ejemplo, trae mala suerte el número 4 porque se pronuncia *shi,* y *shi* es *muerte* en japonés. Entonces, claro, mejor no tocar ese tema, ¿no? Pero, bueno, es una costumbre, una cosa cultural.

Entrevistadora: Pancracio, tú tienes un *Diccionario de manías y supersticiones* y no sé si crees que la manía, la fobia, la superstición… nos impiden a veces hacer cosas.

Pancracio: Bueno, esto es una costumbre antiquísima. La noticia más antigua que hay de la *triscaidecafobia,* del horror al número 13, viene de Babilonia del año 980, más o menos por tiempos del nacimiento de Abraham, hace miles de años. El calendario babilónico tenía 12 meses, pero cada 4 años se añadía un mes extra; era el mes 13, que se consideraba un mes de mala suerte. Esto coincide además con el hecho de que en la astrología, también invención babilónica, el 13 estaba bajo el signo del grajo, que llevaba consigo contagios, malignidad… y de ahí arranca que este número lleve el mal fario, sea el número gafe y es muy curioso que sea la única superstición que se ha mantenido viva desde hace 4000 años.

Entrevistadora: Sabes que la carta número 13 es *la muerte* en el tarot, pero no significa que te vayas a morir. ¿A ti qué te parece, Nieves?

Nieves: ¡Qué chorrada es lo del 13! Esto de que no haya fila 13 ni planta 13 me parece simplemente alimentar patrañas, ignorancia y superstición.

José María: Es una operación de *marketing.* Uno no puede perder un cliente porque le digan habitación 13 o piso 13, pero como no cuesta nada, pues se hace y punto.

Nieves: Sí, pero llegará otro que diga a lo mejor: «Oiga, no me ponga la número 8 porque es que yo le tengo manía». Es dar alas a la ignorancia.

Pancracio: Además, tiene un efecto psicológico. La criatura que es maniática acerca del número 13, que le pongan una habitación 13 le hará sufrir esa noche, y no se trata de ignorancia. El supersticioso no es ignorante; la ignorancia tiene otra dimensión. La superstición es una categoría espiritual distinta, no intelectual. Es un amasijo de tradiciones, de costumbres, de leyendas que crean un cúmulo de creencias bizarras, raras, que nos parecen estúpidas a los que utilizamos mucho la cabeza, pero que no tienen nada que ver con la inteligencia. Hay gente inteligentísima que es muy supersticiosa. Platón mismo, por citar uno.

José María: ¿Sabes que en EE. UU. hay calles y avenidas en donde saltan el número 13?

Entrevistadora: Sí, sí. Oye, y en mi calle no hay número 13.

Pancracio: Yo voy a contar una cosa: mi hija nació un viernes 13 y celebra su cumpleaños pasado mañana, martes y 13, y hasta ahora somos felices. El día que nació mi hija y a la misma hora explotó la bomba en la calle de Correos.

Nieves: Wagner tiene toda su vida alrededor del número 13, nació en 1813, si sumas los números del año te dan 13, murió cuando su hijo Sigfrid tenía 13 años. Si sumas las letras del nombre, de Richard Wagner, te da 13. Compuso 13 óperas, sufrió un destierro de 13 años… bueno, en fin, todo en día 13… y murió en martes y 13, pero, sin embargo, tuvo una vida absolutamente repleta de éxitos.

Entrevistadora: Bueno, chicos, yo espero que con esta miniconversación hayamos conjurado cualquier mal rollo para los oyentes que tienen *triscaidecafobia* y que acabemos bien la temporada. Un beso a todos. Muchas gracias.

762 palabras

Adaptado de www.rtve.es

Pista 16. Tarea 4, p. 87   Acento mexicano

Cómo influye el Sol en la Tierra

El Sol es una estrella mediana. Una vasta esfera de gases ardientes. Es millones de veces más grande que nuestro planeta. El Sol nos envía luz y calor, y sin él no sería posible la vida animal o vegetal. El Sol es considerado generalmente como una *estrella enana amarilla* de tipo espectral G2 que se encuentra en el centro del sistema solar. La Tierra, los planetas, los meteoritos, los cometas y el polvo estelar orbitan alrededor de él. La distancia media a la cual se encuentra el Sol con respecto de la Tierra es considerable, tanto que la luz tarda 8 minutos y 19 segundos en llegar hasta nosotros. Es una de las estrellas más cercanas a nosotros y su brillo es verdaderamente grande, tanto que en el pasado se le crearon ritos y ceremonias para venerarlo.

El Sol se formó hace 4650 millones de años y tiene combustible para otro tanto. Después comenzará a hacerse más grande hasta convertirse en una *gigante roja* y finalmente se hundirá por su propio peso y se convertirá en una *enana blanca* que puede tardar un trillón de años en enfriarse. Llegará con esto un día en el que el Sol agote todo el hidrógeno y lo transformará en helio; entonces se iniciará su etapa moribunda.

Las primeras observaciones astronómicas de la actividad solar fueron realizadas por Galileo Galilei utilizando el método de proyección. Galileo descubrió así las manchas solares y pudo medir la rotación solar, así como percibir que estas variaban. En la actualidad, la actividad solar es monitorizada constantemente por observatorios astronómicos terrestres y espaciales.

Cada 11 años, el Sol entra en un turbulento ciclo conocido como *actividad máxima solar,* que propicia que el planeta Tierra sufra una tormenta de Sol. Todos sabemos que en la superficie del Sol se producen continua e ininterrumpidamente millones de explosiones termonucleares, como si se tratase de bombas atómicas explotando incesantemente. Estas explosiones originan unas gigantescas lenguas de fuego que se llaman *protuberancias* y se dirigen al espacio cósmico. Producto de estas descomunales explosiones son lanzados al espacio núcleos atómicos de todo tipo, así como también radiaciones electromagnéticas. Toda esta mezcla conforma el llamado *viento solar,* que se desplaza por el espacio a una velocidad de 1000 km por segundo. Al llegar a la Tierra, el viento solar nos trae núcleos de elementos químicos superpesados con números atómicos superiores a 100, los cuales son desconocidos en nuestro planeta. Todo esto afecta a la biología humana. No tiene nada que ver con que el Sol esté más o menos radiante, con que los días sean más o menos calientes o con que nos expongamos más o menos a la luz solar directa. Lo que sí se sabe es que cuando aumenta el viento solar se registran más casos de esquizofrenia, además de ataques cardiovasculares por vía del sistema nervioso, aumenta el riesgo de malformaciones congénitas en los estadios embrionarios, se hacen más frecuentes los ataques epilépticos, ocurren más accidentes de lo normal y tienen lugar más suicidios. Las grandes epidemias que han azotado y diezmado a la humanidad parecen coincidir con periodos de intensa actividad solar. Han sido estudiadas a nivel estadístico más de 40 000 pandemias desde el año 430 hasta el año 1899 y, en efecto, las grandes epidemias de peste, cólera, viruela, influenza, disentería, tifus, encefalitis de los leñadores, difteria, sarampión, gripe y otras muchas enfermedades contagiosas coinciden curiosamente con los periodos de máxima actividad.

Ha nacido una nueva ciencia que se ocupa de estudiar estos nexos, de alguna manera misteriosos, llamada *heliobiología.* Trabajando junto con los astrofísicos, los heliobiólogos han llegado muy lejos y desde muy temprano han sido capaces de pronosticar 9 epidemias de gripe que han afectado al planeta. De ellas se han producido 8.

Uno de los hechos que más ha desconcertado a los investigadores es que las bacterias patógenas anticipan estos cambios en ellas entre 4 y 6 días antes de que tenga lugar la tormenta solar. Al parecer, estos microorganismos son sensibles a algún tipo de proceso que tiene lugar en el Sol. Curiosamente, los procesos que tienen lugar antes de las tormentas solares no ocurren en la superficie, sino en el interior del Sol.

700 palabras   *Adaptado de http://amantesdeurania.podomatic.com*

Debate científico sobre la biología actual: el darwinismo

Mujer: Deberíamos explicar la evolución de Darwin como una respuesta a la creencia que en su época existía de que todas las especies vivas, animales y plantas, habían sido creadas directamente como aparecían ante nuestros ojos, por el dedo de Dios, por decirlo así. Entonces Darwin se dio cuenta de que sí había un proceso natural que podía explicarlo, y era la variabilidad que tenían los seres vivos en diferentes generaciones: los padres se parecen a los hijos, pero no siempre son iguales. Y esas pequeñas variaciones, cuando en algún momento dado ofrecían alguna ventaja para la supervivencia de la reproducción en un medio ambiente concreto, favorecían la supervivencia llamada *diferencial* de estos individuos. Esta variabilidad favorable, estos caracteres heredados, se hacían después dominantes en la población. Este efecto, llamado *selección natural,* va haciendo predominante este carácter y al final se supone que las poblaciones al cabo de mucho tiempo van cambiando su composición genética y también su estructura fenotípica.

Hombre: Perdona, llevo 15 años dedicado en exclusiva a intentar comprender el desbarajuste que hay en la biología dando mis clases de evolución. Empecé a investigar el darwinismo y me di cuenta de que tenía una enorme cantidad de fallos, y yo pensaba que quizás fueran fallos derivados de la antigüedad, ya que era un señor del siglo XIX que no era biólogo, sino teólogo. Y entonces me propuse buscar información y encontré cosas muy interesantes sobre teorías evolutivas previas a Darwin. Tengo la impresión de que a muchos biólogos, y a los que no lo son, personas cultas que leen libros al respecto, os han contado un cuento, habéis creado un personaje mítico y un origen de la teoría darwinista bastante deformada, y una de ellas es esa, que fue el primero que planteó la evolución como un fenómeno natural, independiente de explicaciones teológicas, pero de la evolución se tenía idea desde los griegos.

Mujer: Me parece insostenible hoy en día decir que Darwin no era un científico, ya que eso era lo habitual en el siglo XVIII y XIX. No sé si sabrás que, por ejemplo, el descubridor del oxígeno era un pastor presbiteriano.

Hombre: Sí, pero cien años antes de la teoría de las especies se estaba estudiando la evolución científicamente por científicos, no como Darwin, que era un aficionado, y la universidad, fundamentalmente La Sorbona, y Berlín, lo estudiaron como algo físico mediante experimentación. Por ejemplo, Buffon, Lamarck, que fue el primer científico que escribió una teoría completa sobre la evolución, Cuvier, con la teoría de los cataclismos, y muchos más que estaban estudiando la evolución científicamente en las universidades; cosa que yo he descubierto hace pocos años. Es decir, que nos han contado un cuento tártaro. Además, el darwinismo no es una teoría científica, sino una ideología.

Mujer: El darwinismo es adaptacionismo más continuismo, y eso es una cosa que hoy en día poca gente sostiene, excepto los muy radicales. Hay muchísimas razones para admitir, por ejemplo, el efecto de la biología en el desarrollo que me parece absolutamente aceptable y ha enriquecido la teoría de la evolución, pero no podemos ahora caricaturizarla. La teoría de la evolución es algo mucho más complicado. La selección natural va mucho más allá de la selección artificial en la cual se fijó Darwin, efectivamente, pero porque necesitaba algo sobre lo cual componer, lo que más tarde se ha visto que no es una causa, sino un efecto. Y eso yo lo subrayo mucho: la selección natural no es una causa, sino el efecto de esa supervivencia.

Hombre: Me pregunto cómo, con todos los avances científicos actuales, seguís dando crédito al darwinismo. Tuvo mucho éxito en el siglo XIX, en plena expansión colonial, porque él explicaba cómo los colonos, una especie más fuerte, había acabado con los que vivían en las zonas colonizadas. Creo que la selección natural justificaba la situación de entonces, pero su libro se basa en el estudio de animales domésticos y en los primeros capítulos habla de las orejas de las ovejas, de las ubres de las vacas, de que se apuntó a dos clubs de cría de palomas y de otras cosas patéticas. Y la teoría de la supervivencia del más apto le vino de Spencer, que 5 años antes escribió un libro en el que decía que, en las sociedades, los más aptos se quedaban con todo.

Mujer: Decir que *El origen de las especies* no es un libro científico o que Darwin no era un científico me parece que es forzar demasiado las cosas, tanto como decir que Lamarck ya preveía en su momento que la composición genética se veía sometida a estrés, pues Lamarck no sabía nada de genética, como tampoco lo sabía Darwin. Perdona, pero creo que hay que situar a cada uno en su lugar histórico y comprender sus limitaciones.

799 palabras   *Adaptado de varias fuentes*

Prehistoria y compasión

Entrevistadora: Hasta hace dos décadas, el estudio de la evolución humana se centraba en morfología y arqueología. No obstante, disciplinas emergentes como la bioarqueología de la compasión han transformado este enfoque, revelando cuidados entre individuos en grupos antiguos. ¿Cómo influyen estas nuevas perspectivas en nuestra comprensión de la evolución humana?

Experto: Es fascinante cómo estas disciplinas han ampliado nuestra visión. Antes, se pensaba en la evolución desde una perspectiva individualista, pero ahora reconocemos la importancia de la cooperación y la compasión. Estudios recientes desafían la noción de una supervivencia basada únicamente en la competencia, subrayando la esencial cooperación en la evolución grupal. Darwin ya apuntaba a la importancia de la cooperación, especialmente durante eventos críticos como el parto y la crianza.

Entrevistadora: ¿Cómo se relaciona el cambio en el cerebro humano hace dos millones de años con la cooperación y el cuidado?

Experto: El cambio en el cerebro humano hace dos millones de años fue un hito clave. Nuestra especie comenzó a orientarse hacia la cooperación y el cuidado. El desarrollo de habilidades sociales, la colaboración en el parto y la crianza se volvieron cruciales. La evolución, lejos de ser lineal, implicó la desaparición de algunos grupos, pero otros prosperaron al adoptar comportamientos cooperativos y compasivos.

Entrevistadora: Se ha estudiado la compasión, especialmente en casos como el de niños discapacitados, desde la perspectiva de la bioarqueología. ¿Cómo se compara esto con el comportamiento de otras especies?

Experto: La compasión en nuestra especie va más allá de simples instintos. Aunque observamos cierta ayuda y pena en otros animales, los humanos han llevado esto al siguiente nivel, institucionalizando la compasión, creando entidades y haciendo que sea parte fundamental de nuestra identidad.

Entrevistadora: El tratamiento de los muertos y la institucionalización de la compasión parecen ser exclusivos de los humanos. ¿Cómo afecta esto a nuestra identidad como especie?

Experto: Ciertamente, estas prácticas son únicas en nuestra especie. La conexión con los seres queridos después de la muerte, los rituales funerarios y el cuidado de los difuntos son aspectos centrales de nuestra identidad. Esto refleja una profundidad emocional y cultural que va más allá de la mera supervivencia biológica.

Entrevistadora: ¿Cómo influyeron las condiciones ambientales y los cambios climáticos en el desarrollo cerebral hace dos millones de años?

Experto: El cambio en el cerebro hace dos millones de años no solo se debió a la adaptación a nuevos entornos, sino también a cambios climáticos. El crecimiento cerebral se asoció no solo con la supervivencia individual, sino también con la necesidad de cooperación social y la elaboración de herramientas para prosperar en estos entornos cambiantes.

Entrevistadora: El uso temprano de plantas medicinales por neandertales y *Homo erectus* indica un conocimiento incipiente de la medicina. ¿Cómo respalda esto la idea de cuidado y atención a los enfermos?

Experto: El uso de plantas medicinales sugiere que la preocupación por la salud no es exclusiva de los humanos modernos. Este comportamiento temprano respalda la noción de cuidado a individuos enfermos o heridos, evidenciando que el *Homo ergaster* ya mostraba signos de compasión y cuidado hace tiempo.

Entrevistadora: La complejidad de los grupos homininos dificulta asociar tamaños cerebrales con tecnologías específicas. ¿Cómo influyó la transmisión del conocimiento en la evolución humana?

Experto: La complejidad de los grupos homininos hace difícil vincular tamaños cerebrales específicos con tecnologías particulares. Aquí, la transmisión del conocimiento entre grupos se vuelve esencial. Compartir habilidades y conocimientos fue crucial para el progreso cultural y tecnológico.

Entrevistadora: Se estima que la capacidad física de hablar existe desde hace al menos 500 000 años. ¿Cómo afectó esto al desarrollo humano?

Experto: La capacidad de hablar, incluso antes del desarrollo de lenguajes estructurados, fue un hito. La transmisión oral del conocimiento se convirtió en una herramienta fundamental para el desarrollo humano, permitiendo la comunicación efectiva y la transferencia de información entre generaciones.

Entrevistadora: El estudio de la Sima de los Huesos sugiere que la capacidad de escuchar sonidos complejos existe desde hace 500 000 años. ¿Cómo se relaciona esto con la capacidad de hablar?

Experto: La Sima de los Huesos destaca la capacidad de escuchar sonidos complejos en consonantes desde hace 500 000 años. Aunque la evidencia física es limitada, se sugiere que la capacidad de hablar es aún más antigua, posiblemente impulsada por la necesidad intrínseca de transmitir conocimientos y experiencias.

Entrevistadora: En resumen, la evolución humana es un proceso complejo que implica la cooperación, la compasión y el desarrollo cerebral. La transmisión del conocimiento y la capacidad de hablar han sido fundamentales en el desarrollo de la humanidad, destacando la importancia de la sociabilidad y el cuidado dentro de los grupos.

Experto: Así es, la evolución humana es un proceso multifacético. La cooperación, la compasión y el desarrollo cerebral son elementos interconectados que han moldeado nuestra historia evolutiva. La capacidad de hablar y la transmisión del conocimiento han sido pilares cruciales, subrayando la vital importancia de la sociabilidad y el cuidado en el tejido mismo de nuestras sociedades humanas.

823 palabras   *Adaptado de https://www.revistaesfinge.com*

Pista 19. Tarea 7, p. 90

Persona 0

Mujer: ¿Has visto el robot ese al que le han puesto rasgos de persona, hecho con materiales muy similares a la piel? Se me ponen los pelos de punta.

Persona 1

Hombre/Mujer: La perspicacia y erudición inherentes a mi discurso eclipsan la mediocridad circundante con una brillantez inigualable. –¡Madre mía! ¡Qué humos tiene el señor!

Persona 2

Hombre: Me importa un bledo que diga que es *youtuber*, *instagramer*, *tiktoker* o lo que sea. Vamos… ni fu ni fa.

Persona 3

Hombre: Pues sí, Marisa, me han engañado con esa oferta de la compañía de teléfonos. ¡Y ahora estoy dando palos de ciego porque no sé a quién dirigirme!

Persona 4

Mujer: ¡Deberías estar orgullosa de formar parte del más selecto grupo de mujeres STEAM! Ay, estoy que doy palmas con las orejas.

Persona 5

Mujer: Me he quedado pasmada con todo lo que ha estudiado e inventado siendo tan joven. Me quito el sombrero.

Persona 6

Hombre: Mi vecino es un buen informático, pero me da que no tiene mucha idea de los nuevos iPhone.

Persona 7

Hombre: En serio, estoy de bajón. He currado un montón de horas con esa fórmula y resulta que el ChatGPT te lo resuelve en 5 segundos.

Persona 8

Hombre: La verdad es que se le ha olvidado hacer los deberes de Física. Siempre está en las nubes.

Pista 20. Tarea 1, p. 91
                                   Acento argentino

Uso racional de medicamentos:
salud y concientización

Entrevistador: ¿Cómo se usan los medicamentos? ¿Se usan bien? ¿Se usan mal? La pregunta que me hago en este momento no sé si vos te la estarás haciendo: ¿Hay un uso racional de los medicamentos? En todo caso, ¿qué es esto de un uso racional de los medicamentos? Para abordar este tema, aquí en *La ciencia en tu casa* hemos invitado a un integrante de un programa de extensión universitaria en el ámbito de la Universidad Nacional de San Luis, cuyo título es *El uso racional de los medicamentos*. ¿Qué es el uso racional? ¿En qué consiste?

Entrevistado: Bueno… el uso racional implica el poder consumir y prescribir, porque no es solo de parte del consumidor, sino también del prescriptor, de quien lo dispensa, en el caso del farmacéutico, ¿no es cierto? Que se haga en forma racional, es decir, de acuerdo a las dosis adecuadas, en el momento adecuado aunque el medicamento prescrito inclusive sea a un precio adecuado, tenga una buena relación costo-beneficio. Estas cosas hacen parte del uso racional del medicamento.

Entrevistador: ¿Cuál es el nivel de automedicación que ustedes pueden haber percibido?

Entrevistado: Es bastante elevado. Yo en este momento no recuerdo muy bien, pero creo que estamos cerca del 40 % de automedicación en encuestas que hemos realizado en la ciudad de San Luis. Yo creo que es una falla a todos los niveles. El hecho de que se permitan propagandas, por ejemplo en televisión, en radio, de medicamentos, para mí ya eso es una falla, porque estamos estimulando a la gente a que compre medicamentos y el medicamento no es un caramelo. Si me duele la cabeza, todo medicamento no actúa nada más sobre la cabeza, digamos, actúa sobre todo el organismo. Entonces de ahí provienen parte de sus efectos adversos, ¿sí? Entonces yo creo que la falla está en todos los niveles.

Entrevistador: Si bien lo ha dejado muy claro, en el caso, por ejemplo, de medicamento bajo receta, que directamente si no se la recetan, obviamente no se debería vender. Hay otro tema interesante que ustedes lo están trabajando muy bien, y es el medicamento de venta libre. ¿Qué es esto?

Entrevistado: Es aquel que se considera que, una vez que se ha consumido por el paciente, no implica muchos riesgos para él. Pero si bien no implica muchos riesgos, está entre comillas eso, porque solo si es bien usado no implica muchos riesgos. Por ejemplo, el paracetamol es de venta libre. Si uno lo consume de forma indiscriminada podemos terminar con problemas hepáticos muy graves y que nos pueden llevar a la muerte, a pesar de que es de venta libre. Hay una cuestión cultural, muy importante, que es no aceptar la vejez, no aceptar la muerte, no aceptar la enfermedad, no aceptar el volverse calvo, el ser tímido…, es decir, queremos una vida perfecta, y buscamos como solución el medicamento, y el medicamento no nos va a solucionar otro tipo de problemas y además nos puede producir tantas reacciones adversas que hay que sopesar eso y tener en cuenta que la vida es limitada, podemos vivir un poquito mejor, pero no con un medicamento: hay que tomarlos única y exclusivamente cuando son necesarios. Hay una cultura de la vida, digamos de la felicidad, a través de una pastilla o de una píldora, y no se logra la felicidad con una píldora.

Todas las personas a las cuales les estamos dirigiendo las acciones son las personas que van a consumir el medicamento, o que van a administrarlo de alguna manera. Entonces, lo que queremos es promocionar el uso en esas personas. Es decir, no es tanto en medidas restrictivas, como decíamos recién, sino fundamentalmente educativas, en todos los niveles, y eso creo que sería importante promocionarlo y contrarrestar un poco lo que la propaganda médica nos avasalla en forma constante. Esa es nuestra intención, digamos, tratar de contrarrestar eso y que la gente pueda tomar decisiones un poco más adecuadas frente a esto que se ha transformado en una mercancía y no en un bien social.

Entrevistador: Muchas gracias, muy amable. Hemos estado compartiendo en *La ciencia en tu casa* esta charla sobre el uso racional de los medicamentos con todos ustedes.

701 palabras   *Adaptado de http://lacienciaentucasa.unsl.edu.ar*

Pista 21. Tarea 4, p. 111

Las crisis económicas

Vamos a dar un paseo por las principales crisis sufridas por la cultura occidental desde la Edad Antigua hasta finales de los 90.

La primera dura desde el 235 hasta el 284. Fue un periodo inestable: el Imperio sufrirá una gran inflación crónica derivada del exceso de fabricación de monedas con cada vez menos porcentaje de plata y oro.

La economía y la sociedad evolucionarán hacia lo que se conoce como Edad Media. Los brotes de peste bubónica se volverían recurrentes hasta el 750 y se extenderían por Europa occidental, Asia y África. La peste desarticuló totalmente la economía, los salarios se dispararon ante la falta de mano de obra, lo que tuvo como consecuencia una hiperinflación que durará decenios. Además, amplias zonas se quedaron sin explotación agrícola, desatándose plagas de langostas. Sin embargo, fue otro brote de peste bubónica y de peste negra, de 1346 a 1353, la epidemia más devastadora de la historia de Europa. Mucha gente emigró a las ciudades desde el campo.

Hacia 1600, Europa ya se había recuperado de los efectos de la peste negra. Sin embargo, la situación se estanca debido a guerras, hambrunas o epidemias.

A la mejora de los rendimientos agrícolas, al aumento del comercio, en especial entre América y Europa, se añade la creación de los primeros bancos nacionales.

En el siglo XVIII también hubo algunas crisis, como el estallido de la burbuja de la Compañía de los Mares del Sur de 1720. Por otra parte, es el momento en el que algunos teóricos demonizan la intervención del Estado en la economía, tratando de proteger el interés económico del individuo y abogando por el libre comercio y la ley de la oferta y la demanda. Las crisis del siglo XIX fueron muy numerosas, por ejemplo, el pánico de 1825, un colapso bursátil que comenzó en el Banco de Inglaterra. Los campesinos comenzaron a abandonar sus campos buscando empleo en las ciudades o incluso probando fortuna en otros continentes, en especial en América. Esta crisis favoreció la aparición de los *holdings*, que son sociedades financieras muy utilizadas por los bancos que invierten en diferentes empresas para controlarlas, o los *trusts*.

Por último, el aumento de la presión de las cada vez más fuertes organizaciones obreras como sindicatos y partidos políticos llevará a muchos países, sobre todo europeos, a adoptar las primeras medidas políticas de protección social.

El crac del 29 dará lugar a una profunda crisis conocida como la Gran Depresión, que, con diferencias, dependiendo de cada país, prolongará sus efectos a escala mundial durante toda la década de los 30.

Tras la Segunda Guerra Mundial y en el marco de la Guerra Fría, se inicia una etapa de crecimiento y reconstrucción que se extenderá de 1945 a 1970. Después, la primera gran crisis será la del petróleo, hasta 1973, cuando la OPEP, Organización de Países Exportadores de Petróleo, declara un embargo de combustible a los países que estaban apoyando a Israel durante la guerra entre Israel y algunos países árabes. Los precios se disparan en pocos meses. Posteriormente, tras la caída del sah de Persia y la llegada al poder de Jomeini en Irán, se desata una subida de los precios de nuevo.

La crisis de la guerra del Golfo, tras la invasión de Kuwait por parte de Irak en agosto de 1990, generó una subida en el precio del crudo e inestabilidad política y económica. También podemos mencionar las crisis financieras asiática y rusa en 1997 y 1998, respectivamente. Por otro lado, los estados comienzan también a tener problemas financieros.

Mientras, aumentaba el paro y la brecha entre ricos y pobres, con una importante caída en el nivel de vida.

Como hemos visto, ha habido y sigue habiendo muchísimas crisis a lo largo de la historia. De hecho, son cíclicas. ¿Qué nos espera a partir de ahora?

637 palabras

Adaptado de www.youtube.com

Las rebajas

Hombre: Hace 40 años, la media de compra de textiles era de tres veces al año y una muy importante cuando llegaban las rebajas. Ahora, prácticamente compramos como cuando vamos al supermercado. Se hacen de 17 a 20 compras al año porque la oferta comercial se ha ampliado, hay más promociones y también por el deseo de los ciudadanos de ir cambiando, de ir a la moda con lo que es la imagen. También relacionado con el clima, porque este hace cambiar la manera de vestir.

Mujer: Y todo esto ha hecho que hayan cambiado muchas cosas. Ahora, tenemos las rebajas no solo como un elemento económico para dar salida a un producto perecedero, porque si es de invierno no podemos venderlo en verano, ya que la moda cambiará y el año que viene ese producto no se podrá vender en las mismas condiciones, sino también como una parte promocional.

Hombre: Pero ya hace más de 25 años que tenemos, afortunadamente, una regulación comercial que está muy interiorizada, todo el mundo la conoce y permite que las rebajas se puedan desarrollar, en términos generales, de una manera correcta. Eso no quita que se produzcan infracciones, problemas, reclamaciones e incluso que haya especialmente grandes compañías que utilicen las rebajan en exceso, en el tema promocional y fabriquen especialmente para rebajas. Eso es un fraude.

Mujer: Hoy en día, tenemos un consumidor con un alto grado de desconfianza, y todo aquello que no haya comprado con anterioridad, especialmente en diciembre, son compras que no se hacen y se dejan para rebajas.

Hombre: Antes, las rebajas se centraban en lo que era moda, y ahora, lo hacen prácticamente todos los sectores: textil-hogar, mobiliario, electrónica, electrodomésticos, agencias de viajes…, con lo cual quiero decir que todo el mundo está intentando en el sector comercial aprovechar el *input* de la campaña de rebajas para no perder clientela.

Mujer: El fenómeno de las rebajas es algo que sucede cada año como una especie de símbolo. En enero tenemos rebajas, lotería, nuevas promesas que nos hacemos, formando parte de un imaginario colectivo. Sin embargo, lo que sí ha cambiado con el tiempo es el hábito del consumidor: cómo nos enfrentamos a estas rebajas, la situación económica y otras variables más.

Hombre: La publicidad, como sabemos, influye mucho en el consumo, pero como he dicho, las rebajas es algo que sabemos que está ahí y que apenas necesita publicidad. Yo creo que además del concepto *rebajas* estamos en un entorno en el que el concepto de compra también ha cambiado: estamos como nunca hablando de los *outlets*.

Mujer: Es verdad que si hubieran hablado de los *outlets* hace unos años nadie lo conocería, pues entonces eran tiendas de saldos. Hoy tenemos centros comerciales que son 100 % de *outlet* de marcas de muchísimo renombre. De alguna manera, los consumidores nos estamos acostumbrando a que todo, en general, debe ser más barato.

Hombre: Yo creo que una gran parte del comportamiento en rebajas es muy compulsivo porque creo que todos en algún momento hemos dicho: «No lo pensaba comprar, pero como estaba rebajado, estaba tan barato, no he podido resistir la tentación». Me da la impresión de que el consumidor ciertamente es muy inteligente y sabe cuándo le dan gato por liebre o cuando lo están engañando.

Adaptado de www.rtve.es

El drama migrante

La escritora Yael Weiss aborda el drama migrante en su libro *Los muros de aire y otras crónicas de frontera*.

Entrevistadora: Has mencionado que la crónica es el relato de la realidad y usas este género para compartirnos este libro.

Entrevistada: Soy una escritora de ficción y, aunque he escrito algunas crónicas de viajes, me mantenía en el ámbito considerado literario. En una ocasión, estando en Tijuana al mismo tiempo que llegaba la caravana migrante de 2018, decidí conocerlos con la única intención de entender quiénes eran, qué contaban, qué habían vivido y en qué les podía ayudar.

Me encontré con un drama humano: estamos frente a personas que están arriesgando la vida, que están emprendiendo un viaje que muy pocos de nosotros hemos emprendido, quizás nuestros abuelos, pero son precisamente el tipo de personajes que hacen las novelas, que hacen las grandes aventuras. Fue un fenómeno muy mediático, cuando las personas que salieron de Honduras tomaron la idea de juntarse no en la clandestinidad, sino de circular a la vista del mundo.

Sentí que estas personas que estaban ahí, después de todo lo que habían pasado, tenían una historia que contar, lecciones que habían aprendido, una visión que nos podían dar de las cosas, de la humanidad, el drama humano… Y escribí una primera crónica y, a partir de ahí, me fui enganchando, decidí conocer la frontera sur, y en Tapachula escribí otra crónica y, después, decidí ir visitando ciudades de entrada y salida de nuestro país.

Lo llamo *relatos de la realidad* porque ahí no había nada que inventar, los personajes, la situación crítica, el momento… ya estaban puestos. Yo trato de, con las herramientas del escritor, recrear el momento, las personas que estaban ahí, lo que se sentía, lo que se decía, lo que se pensaba, a lo que olían las cosas, los chistes que se cuentan, los miedos que se expresan, los sueños que se tienen, los pasados que se vuelven a inventar… Cada persona reinventa su vida de una manera generalmente positiva porque quiere hacer una vida mejor, entonces, tratar de comprender qué es lo humano que se está moviendo ahí y cómo se vive en las fronteras cuando ese es mi lugar.

Entrevistadora: Han pasado varios años desde que estas caravanas migrantes se han vuelto mediáticas, pero ¿qué hemos aprendido de ellas o qué no hemos aprendido?

Entrevistada: Lo primero que no hemos aprendido es a ver con nuestros propios ojos. A veces me doy cuenta de que en cualquier ciudad de México uno puede ir hacia los migrantes y tomar ciertos testimonios e ideas de primera mano, porque en los medios tenemos un punto de vista y hay cosas que defender, pero creo que no hay mejor manera de conocer lo que está sucediendo que confrontarlo con una experiencia directa, que fue lo que me sucedió a mí. Deberíamos aprender a no informarnos y tener ideas solamente a través de la visión de terceros, porque siempre hay una visión que pasa por nosotros, hay que confrontarla con la propia.

Tampoco hemos aprendido a ver este fenómeno migratorio como algo natural, inscrito en la naturaleza humana. La historia de la humanidad está marcada por movimientos de personas debido a sequías, cambios climáticos, guerras y enfermedades. No es un fenómeno aislado nuevo, simplemente se ha recrudecido en este momento. Debemos tener cuidado con la propaganda; cuando hablamos de crisis migrante, quizás la crisis no sea migrante, sino una crisis de acogida a los migrantes. ¿Por qué deben ser ellos el problema y no nosotros que no sabemos adaptarnos a la realidad? Los migrantes son los que han construido los países más poderosos de este mundo. Los países donde no hay migrantes realmente son bastante pobres. Los migrantes construyen, hacen, bien podríamos acogerlos.

Entrevistadora: Tus relatos son muy disfrutables y hay varios personajes que se quedan en la memoria, pero preferiría que seas tú quien invite a los lectores a acercarse a tu libro.

Entrevistada: Son relatos de personajes, de sus aventuras y sus desventuras, de sus sueños y sus esperanzas, y cómo trato de llevar a los lectores al lugar, a Tenosique, por ejemplo, a estar ahí conmigo y a observar conmigo todo lo que está pasando, cómo se teje y desteje uno de los más grandes dramas humanos.

Es una gran historia lo que está sucediendo en las fronteras de nuestro país, con sus grandes tragedias, es un drama humano que nos concierne. Y vamos a reconocernos ahí, podríamos ser nosotros, y de hecho podemos ser nosotros en un futuro muy cercano o lejano, no lo sabemos, o podrán ser nuestros hijos. Creo que ahí, en ese lugar donde la gente está entre la vida y la muerte, entre salvarse y condenarse, entre la ley y la persecución de la ley, es ahí donde se refleja quiénes somos como humanos hoy en día, cómo reaccionamos a todas estas cosas.

814 palabras

Adaptado de www.sandiegouniontribune.com

Pista 24. Tarea 7, p. 114

Persona 0
Mujer: Ya sabes, Pepe, en aventuras económicas, mejor ir con pies de plomo, no sea que te pillen desprevenido y te metas en un berenjenal.

Persona 1
Mujer: ¿Cómo puedes ser tan caprichoso? Ya, ya, hay rebajas, pero lo de comprarse un móvil de gama alta cuando el tuyo está nuevecito… ¡Te has pasado tres pueblos!

Persona 2
Hombre: El chaval del banco se pone a hablar y hablar, con explicaciones financieras superrraras y enrevesadas para liarme. Vale, no entiendo mucho de eso, pero… ¿se ha creído que me chupo el dedo?

Persona 3
Mujer: El sábado pasado, después de la reunión con Carlos, fui a un bar cercano a su casa porque tenía un poco de hambre. Pedí una ración y una caña, y cuando vi la cuenta, se me pusieron los ojos como platos: ¡cuarenta euros!

Persona 4
Mujer: Después de años y años trabajando para otros, me dije: «¡Hasta aquí hemos llegado!». Me tiré a la piscina y fundé mi propio negocio. Ahora estoy más satisfecha conmigo misma y todos los días aprendo.

Persona 5
Hombre: Bueno, todo el mundo me dice que vamos a entrar en un mercado donde nuestro producto va a encontrarse con una competencia feroz. Lo confieso: estoy en ascuas. Pero ya sabes, el que no arriesga, no gana.

Persona 6
Mujer: Vamos a intentar no ponernos en lo peor. Aunque las ventas han caído, todavía quedan unos meses para que acabe el año, y quizás la situación mejore. Yo, con tal de que lleguemos a las cifras del año pasado, me doy con un canto en los dientes.

Persona 7
Mujer: Tenía unos ahorrillos en el banco, parados, y mi gestor me aconsejó que los moviera, así que me vine arriba y realicé una inversión de riesgo alto. ¿Qué te parece? ¡Con lo que soy yo! Cruzaremos los dedos.

Persona 8
Hombre: Hice una reclamación al comercial de mi compañía y me contestó que debería haber leído bien el contrato. ¡Por supuesto que lo leí! Si es preciso, los denuncio: no van a irse de rositas, eso te lo aseguro.

Reclamación frente a las compañías telefónicas

Hola, ¿qué tal? Soy Francisco Mateo, director del portal *abogadoparafamilias.com*. Es posible que haya tenido o conozca a quien haya tenido problemas con compañías de telecomunicación. De hecho, es uno de los que generan más quejas entre los consumidores. Los motivos pueden ser varios. Uno de los más frecuentes es el cobro de un servicio no solicitado por el cliente, que comenzó por una promoción y que después pasa a ser de pago sin que se haya avisado previamente. Otra queja muy común es la llegada de facturas tras haber tramitado la baja de la compañía. En ocasiones aparecen en las facturas llamadas que nunca se han efectuado, lo que exige una revisión adecuada de cada factura para evitarnos sustos. Finalmente, la cuestión de las penalizaciones por incumplimiento de contrato. En estos casos es lógico que haya una penalización, pero lo que no es tan normal es la cuantía excesiva que nos exigen, por lo que son consideradas como penalizaciones abusivas.

Sea cual sea la razón, en tales supuestos lo adecuado es interponer la oportuna reclamación para defender nuestros derechos como consumidores. La manera de abordar reclamaciones en todos estos escenarios consiste inicialmente en notificar el problema al servicio de atención al cliente para ver si puede resolverlo. En situaciones donde no se alcanza un acuerdo amistoso se debe presentar la reclamación dentro de un mes desde la fecha en que surgió el problema. La reclamación, en principio, ha de interponerse ante la oficina de atención al cliente de la propia compañía de telecomunicaciones. Las compañías telefónicas intentan incentivar que estas reclamaciones se planteen siempre verbalmente por teléfono. Desde aquí recomendamos vivamente que se haga siempre por escrito, dirigida al domicilio social del operador y por un procedimiento que permita tener constancia de la recepción por parte de la compañía de telecomunicaciones de nuestra queja. Bien por burofax, bien por correo certificado con acuse de recibo o bien por correo electrónico, siempre que, repito, tengamos constancia de la recepción de este correo electrónico mediante la asignación, normalmente, de un número de incidencia. Importante: deben adjuntarse todos los documentos que cuenten con un valor probatorio (fotos, capturas de pantalla, copias del contrato o de la factura, registros de llamadas, etc.). Esta reclamación tiene que cumplir una serie de requisitos básicos. Evidentemente, ha de consignarse el nombre completo y el DNI, así como un domicilio para recibir notificaciones.

Hay que especificar el servicio que tenemos contratado y el objeto concreto y claro de nuestra queja. La compañía telefónica tiene un plazo de 30 días para resolver nuestra reclamación. Si no contesta o la contestación no nos satisface, quedan tres posibilidades abiertas. La primera es la reclamación ante la Oficina de Atención al Usuario de Telecomunicaciones, que depende del Ministerio de Industria. La segunda vía sería la reclamación ante una junta arbitral de consumo en el supuesto de que la compañía de telecomunicaciones esté adherida a un sistema arbitral de consumo. La resolución que se dicte tanto por la Oficina de Atención al Usuario de Telecomunicaciones como por el árbitro es vinculante para la empresa de telecomunicaciones y evidentemente también para el reclamante. Queda siempre la posibilidad, con exclusión de estas dos, de acudir directamente a los tribunales de justicia. Tenga presente que, si se opta por acudir a la junta arbitral de consumo, ello excluye la posibilidad de acudir posteriormente a los tribunales de justicia para plantear la misma cuestión.

Si se opta con exclusión de las dos vías anteriores por acudir a los tribunales de justicia, hay que tener presente que las reclamaciones que sean inferiores a 2000 euros no precisan de la intervención de abogado. No obstante, salvo que se tengan conocimientos técnicos, desde aquí recomendamos vivamente el consejo de estos profesionales. En resumen, las reclamaciones que tengamos ante una compañía de telecomunicaciones han de ventilarse, en primer lugar, ante el propio servicio de atención al cliente de la compañía de telecomunicaciones. Y si en el plazo de 30 días no nos contestan o la contestación no nos satisface, podrá abrirse la vía de la reclamación ante la oficina de atención al usuario de las telecomunicaciones, la vía de la junta arbitral de consumo o bien la vía directa de los tribunales de justicia, según hemos analizado.

707 palabras

Adaptado de www.youtube.com

Pista 26. Tarea 4, p. 138

El lince, símbolo de la lucha por la biodiversidad.
Miguel Delibes de Castro es miembro de la Estación Biológica de Doñana

El problema principal del lince es el de la libertad, porque la cautividad es un poco una especie de bote salvavidas (1), alguna vez lo hemos llamado la *UCI de los linces.* Pero no tiene sentido pasarte toda la vida en la UCI, sino que es una cosa para estar un ratito y salir. Entonces, el objetivo es conservar las poblaciones de fuera, las del campo, y estas sufren varias adversidades. Primero son muy pequeñas y muy consanguíneas (2). Luego, en los sitios donde tienden a vivir, tienen poco alimento, pocos conejos; necesitan áreas extensas para que haya población suficiente como para ser viables biológicamente (6). Son bastante torpes, y aunque yo admire mucho a los linces, para enfrentarse a los peligros son torpes (7) y, por ejemplo, se dejan atropellar con mucha facilidad. Son un poco chulos, y como tienen pocos enemigos en el campo, pues no se fijan, y cruzan la carretera (3) sin considerar si hay o no hay tráfico.

En cuanto al área donde viven creo que, por ejemplo, Doñana ahora es menos salvaje que hace 30 o 40 años (8), que es cuando yo llegué aquí, e inevitablemente cada vez parece más un área manejada artificialmente porque la presión (5) del exterior es más grande, con lo cual el artificio de las vallas y de las leyes crece, pero dicho eso, es casi un milagro que se haya conservado un lugar así de salvaje en el siglo XXI (4). Los problemas más grandes vienen de que no es impermeable a lo que se hace fuera (9), en parte por las carreteras, como decíamos en el caso de los linces, pero otros son los cultivos, por ejemplo, la contaminación potencial de los acuíferos con el nitrógeno y derivados de los fertilizantes y con pesticidas que se están usando en algunas ocasiones ilegalmente, que se traen de fuera (10). Todo esto no se hace en Doñana, sino fuera, pero repercute en Doñana. Un valor de este parque que cada vez nos parece más importante es la propia costa y el mar, porque también ahí hay que extremar la vigilancia y hay prácticas de pesca demasiado cerca, en la zona de protección, que se podrían suavizar o eliminar. En conclusión, la presión sobre Doñana es grande, pero yo tiendo a decir que tenemos que acostumbrarnos a vivir con ella. Me incomoda mucho presumir tanto, pero realmente creo que Doñana ha sido una punta de lanza de la conservación de la biodiversidad (11) y de su concienciación en España y en todo el mundo, incluso por encima de lo que le correspondería. Es un poco un David en la lucha por la biodiversidad, contra un Goliat mucho más grande. El primer director y fundador, que fue José Antonio Valverde, biólogo vallisoletano, decidió, contra el criterio entonces de los jóvenes airados, que éramos algunos, como yo, que era más importante la publicidad en los medios, radio, revistas ilustradas, documentales… que la investigación. A nosotros nos parecía un sacrilegio, pero lo cierto es que Valverde tenía razón y Doñana, como marca de biodiversidad y marca de conservación, es conocida en todo el mundo.

La desaparición del lince sería grave por varios motivos: el lince tiene un papel importante en los ecosistemas; muchos cazadores se quejan, por ejemplo, de que hay demasiados zorros o demasiados meloncillos[1], que es una mangosta[2] que se come las perdices y los conejos y hay muchos porque hay muy pocos linces. Donde hay muchos linces, estos evitan que crezcan las poblaciones de otros animales. Por otro lado, el lince es un emblema, una bandera de la naturaleza. A la sociedad es difícil convencerla de conservar la naturaleza usando como modelo los escarabajos, aunque haya muchos más y tengan muchas más funciones que el lince. Sin embargo, tenemos más empatía con los linces porque nos parecen más bonitos, es como un emblema (12) y lo adoptamos con mejor disposición. Si haciendo todos esos esfuerzos no conseguimos conservarlo, sería una indicación de que mal vamos en la conservación de la naturaleza en general. Es decir, el lince solo no es importante. Lo importante es el conjunto de la naturaleza, pero él es un indicador y una bandera del conjunto de la naturaleza.

703 palabras   *Adaptado de www.ivoox.com*

---

[1] El meloncillo es un pequeño mamífero carnívoro. Es la única especie europea de su familia, presuntamente introducida por los árabes en la península ibérica, pues las llevaban de mascotas y para protegerse de las serpientes.

[2] La mangosta es un animal parecido a los hurones. Es el único capaz de comerse las serpientes y su veneno no le afecta. Es parecido a los suricatos de África en tamaño y peso.

El jamón

Hombre: En España, el jamón está en todas las casas, pero la asignatura que tenemos pendiente es la conquista de los mercados exteriores.

Entre el jamón serrano y el ibérico existe diferencia, por supuesto, por parte de la genética y por parte de la alimentación (1). El jamón ibérico tiene mucho tocino y por eso le da ese sabor especial al magro que queda (2). Aparte de eso, la *montanera*[1] y la bellota reportan una característica especial, además del ejercicio físico que hace.

El jamón de Teruel, que es de cerdo blanco cruzado con el verraco[2], de color negro también, aunque no es ibérico, creemos que es un jamón muy digno por el veteado que aporta el cerdo negro (3). Lo que intentamos, aparte de la genética, es que la alimentación reúna las mejores condiciones de calidad para que el producto final sea resultado de esa genética y de la alimentación, más el buen hacer en el secadero, pues debe ser curado lentamente, con tiempo y sin forzarlo. El 50 % de la genética del jamón ibérico es cruzado de hembra ibérica y macho duro o verraco, o sea, el 50 % de la genética de los ibéricos de cebo tiene la misma que el jamón de Teruel.

A veces, hay relación precio-calidad, pero puede haber un jamón a un precio asequible que también sea de muy buena calidad (4). Comparándolo con los vinos, todos los días uno no se bebe un gran reserva, pero sí un rioja bueno normal. Así que un buen jamón de cerdo blanco, bien elaborado, puede ser tan competitivo como un jamón de bellota, que es más para una tapa en el bar o restaurante, o para ocasiones determinadas.

Tradicionalmente, en España se tenía un jamón entero en casa, pero el problema que hay actualmente, bajo mi punto de vista, es que cada día las unidades familiares son más pequeñas y se come mucho fuera por motivos laborales, con lo cual, si tienes un jamón en casa, se va a poner seco. Hoy, está la opción del lonchedado en la charcutería, que te lo cortan con máquina o lonchedado a mano.

Mujer: Tanto para los guisos tradicionales de la cocina española como para los desayunos, bocadillos, etc., es algo que está presente a todos los niveles y que valoramos, no solo aquí en España, sino también en los mercados exteriores (5).

El cerdo ibérico es una raza totalmente distinta, autóctona de la península ibérica, y en el caso de estos jamones que nos ocupan y que hemos traído, es ibérico de bellota, ibérico puro 100 % que por el hecho de esa genética tiene una calidad superior y con su vida en el campo, ese ejercicio y esa dieta a base de bellotas tiene ese grado extra de calidad (6).

Según la alimentación del cerdo se distinguen diferentes calidades (7): primero, tendríamos el *cebo* (8), un cerdo que ha sido estabulado intensivamente y solo se ha alimentado de pienso. Luego, tendríamos un *cebo de campo*, que es un cerdo que ha estado en el campo, pero se ha alimentado con pienso, con lo cual es un poco mejor que el anterior. Después, tendríamos el *recebo*, que ha estado suelto en el campo comiendo bastante bellota, pero como no había suficiente ese año, o había más cerdos de los que se podían alimentar, se le ha rematado o suplementado con pienso (9) para alcanzar el peso adecuado. Y por último, tendríamos el *producto de bellota*, que es el cerdo que en la época que dura la montanera, que no es durante toda la vida, sino en la última fase de vida del animal, cuando hay bellota en el campo, se alimenta de ellas exclusivamente.

Por otra parte, se habla de *reserva* o *bodega* dependiendo del tiempo de curación. Hay determinados jamones escogidos desde el principio, con unas características especiales, que exigen una curación más larga, y a esos se les llama *gran reserva*.

El *marketing* puede fijar el precio del jamón, pero también hay unas denominaciones de origen y unos certificados de calidad que avalan el que puedas pedir un precio superior. Tengamos en cuenta que, hablemos de jamón blanco o ibérico, son productos que se han elaborado con una maduración de mínimo dos años, luego no es fácil de hacer y la calidad hay que pagarla, pero es verdad que todos los jamones son buenos y no siempre te apetece el mismo tipo de jamón.

Una vez que el producto está perfecto para consumir tiene un tiempo de duración hasta que *caduca*, entre comillas, porque no caduca, sino que simplemente se vuelve más seco.

758 palabras   *Adaptado de www.rtve.es*

---

[1] La montanera es el pasto de bellota o hayuco que el ganado de cerdo tiene en los montes o dehesas.
[2] El verraco es el cerdo padre.

La cocina vegana

Entrevistador: Se crio en la Costa Brava, rodeada de pescado y marisco, y ha trabajado en restaurantes donde se cocina mucho la carne. ¿Por qué decidió pasar a ser empresaria y abrir un restaurante vegano en Zúrich?

Entrevistada: La idea de abrir un restaurante vegano surgió con la responsabilidad de dirigir mi propio negocio. Tras trabajar para otros chefs y adoptar sus valores, comprendí que la responsabilidad no solo radica en tener un equipo y enfrentar las implicaciones financieras, sino también en el impacto ambiental que genera el negocio. Al alimentar a 1000 personas a la semana, las cifras me mostraron rápidamente que una propuesta con productos de origen vegetal podría reducir emisiones de CO_2 y el consumo de agua.

Entrevistador: Usted misma hizo la transición a lo vegano en noviembre de 2019. ¿Cómo fue esa experiencia y qué la motivó?

Entrevistada: Fue un cambio revelador. Experimenté lo difícil que era encontrar opciones veganas fuera de casa, preparadas con cariño, conocimiento y técnica. Vi una oportunidad para demostrar que las plantas y verduras no tienen nada que envidiar al mundo animal. Mi misión es inspirar a la gente a comer de manera diferente, empezando por mí misma. Necesitaba un propósito que me motivara tanto a mí como al equipo, y la reacción de la gente al disfrutar de nuestra comida es simplemente increíble.

Entrevistador: Mucha gente aún asocia comer carne o pescado con estatus social y calidad alimentaria. ¿Cómo enfrenta este desafío?

Entrevistada: Hay mucho trabajo por hacer, especialmente con conceptos arraigados como el de la leche. Las vacas tienen que estar embarazadas. Se las insemina para poder dar leche. Necesitamos desvincularnos de ideas preconcebidas, y lo hacemos con propuestas positivas (3). Invitamos a la gente a disfrutar de nuestra comida (4), explicamos nuestro enfoque y vemos cómo reducen su consumo de carne gradualmente. No se trata de decirles que lo están haciendo mal, sino de mostrarles nuevas opciones (5).

Entrevistador: Hablando de tradiciones alimentarias, mencionó haber vivido la matanza del cordero en su casa de pequeña. ¿Cree que estas prácticas son más sostenibles que la industria cárnica actual?

Entrevistada: Exacto. La matanza tradicional, realizada una vez al año en casa, difiere enormemente de la actual industria cárnica industrializada (1). Además, la oferta excesiva de productos lácteos en supermercados contribuye al desperdicio alimentario y a condiciones inhumanas para los animales. La falta de conexión con la procedencia de los alimentos agrava la situación (2).

Entrevistador: Con formación en ingeniería, ¿cómo vincula esta disciplina con la cocina vegana?

Entrevistada: La cocina, sin duda, es química, desde freír una patata hasta explorar el potencial de plantas y hongos. La cocina vegana está en sus inicios, y creo que hay mucho por descubrir en este universo (9).

Entrevistador: ¿Encuentra clientes que, aunque no quieran comer animales por convicción, buscan sabores que emulen los de la carne o el pescado?

Entrevistada: Sí, esto está vinculado con la identidad y las experiencias pasadas. En nuestro enfoque, destacamos los vegetales de temporada como estrellas, evitando imitar la carne. Los niños de hoy están más concienciados; mi sobrina, por ejemplo, no necesita que una hamburguesa vegana se parezca a una de carne.

Entrevistador: Para ser sostenible, ¿considera importante basar el menú en productos de proximidad y de temporada?

Entrevistada: Sí, es crucial. La percepción errónea de que ciertos productos están disponibles todo el año debe abordarse quizás incluso en la educación escolar. Conocer a los agricultores y promover el concepto *del campo a la mesa* es esencial para comprender la naturaleza y recuperar prácticas alimentarias más sostenibles (6).

Entrevistador: Usted destaca la importancia del trabajo en equipo y la sostenibilidad en la gestión del personal. ¿Cómo implementa esto?

Entrevistada: La sostenibilidad del plato debe ir de la mano con la sostenibilidad del equipo. Mis valores, provenientes de mi formación en ingeniería, son mi brújula. Aunque económicamente no sea óptimo, abrir solo cinco días a la semana brinda estabilidad al equipo. El bienestar de las personas está por encima de la empresa. También tenemos siete semanas de descanso.

Entrevistador: A pesar de la pandemia, ha abierto tres restaurantes nuevos desde 2020. ¿Cuál cree que ha sido la clave de su éxito?

Entrevistada: La pandemia nos llevó a cerrar inesperadamente en 2020, pero abrimos nuevos restaurantes durante este periodo porque notamos un interés creciente. Diversificar las opciones y demostrar la versatilidad de la comida vegana, nos permitió seguir adelante **(7a)**. También lanzamos un libro que tuvo éxito en países de habla alemana y que espero traer a España.

Entrevistador: ¿Qué importancia les da a las estrellas Michelin?

Entrevistada: Tengo una roja y dos verdes, lo cual ha brindado credibilidad a quienes dudaban de la calidad de la comida vegana. Aunque llegaron por sorpresa, no han cambiado nuestra filosofía. Nos ponen al mismo nivel que cocinas con productos animales, atrayendo a clientes que podrían haber tenido reservas previas.

Entrevistador: ¿Qué diría a quienes sienten pereza de ir a un restaurante vegano?

Entrevistada: Que vengan a probarlo. No hacemos comida solo para veganos, sino para todos. Acomodamos diversas necesidades alimentarias, y nuestro objetivo es ofrecer soluciones. Invito a todos a disfrutar de una experiencia culinaria que va más allá de las etiquetas **(7b)**.

Entrevistador: Cada día se diagnostican más intolerancias alimentarias. ¿A qué cree que se deben?

Entrevistada: Puede ser resultado de la comida procesada, hormonas, antibióticos y otros factores **(8)**. La falta de problemas alimentarios en mi infancia contrasta con la realidad actual. Conozco incluso a personas alérgicas al aceite de oliva, lo cual indica la calidad del aceite que consumen.

910 palabras   *Adaptado de https://climatica.coop*

Pista 29. Tarea 7, p. 144

Persona 0
Mujer: Caminando ayer por el parque, vi todo el jardín lleno de botellas, vasos de plástico y bolsas, cuando al lado hay contenedores. ¡Es algo que me saca de quicio!

Persona 1
Mujer: Sí, ya sé que a ti te trae al fresco el medioambiente. Si todos fuéramos como tú, viviríamos en un auténtico vertedero.

Persona 2
Hombre: En el estante del súper ponía «aceite de oliva virgen», y ahora veo que la etiqueta dice solo «aceite de oliva». Me han dado gato por liebre. Estoy que echo chispas.

Persona 3
Mujer: Hay que educar a los niños en el respeto al medioambiente desde pequeños. Si un padre ve a su hijo tirando bolsas o papeles al suelo, no puede hacer la vista gorda.

Persona 4
Hombre: Hoy no es el mejor día para decirle al jefe lo de la multa por el exceso de ruido de la semana pasada. No está el horno para bollos.

Persona 5
Hombre: A Elena le encanta todo lo relacionado con las dietas y la alimentación, así que en el club de cocina se siente como pez en el agua.

Persona 6
Mujer: Pepe perdió la casa por las riadas y, lo que le faltaba, la empresa donde trabajaba ha cerrado. El pobre está con el agua al cuello.

Persona 7
Mujer: ¿Dices que te parece una buena idea construir una urbanización en esa playa protegida? ¿A ti se te va la olla?

Persona 8
Hombre: Ya sabes cómo le gusta a Antonio la naturaleza. Desde que ha conseguido el puesto de agente forestal está como un niño con zapatos nuevos.

Pista 30. Tarea 1, p. 146

Ruido de fondo

Mujer: Percibir ruido en exceso puede ser dañino para los oídos y afecta a funciones vitales como el sueño. Para poder parar esta amenaza contra la salud, la directiva europea exhorta a los municipios de más de 100 000 habitantes a aprobar un mapa de ruido antes de junio de este año. Se trata de diagnosticar los puntos negros. Veremos cómo en Valladolid, por ejemplo, ya se han puesto las pilas. Y más vale que nos las pongamos todos en este tema. No en vano, España es el país más ruidoso, después de Japón.

Forma parte de nuestra cultura el juntarse en la calle, cantar y gritar, y cuanto más fuerte, mejor. Pero lo que es alegría colectiva para unos, genera, en otros, momentos de desesperación e insomnio. Muchos son los que se quejan del ruido, ya sea de la música alta, del tráfico o de las obras. Además, estos sonidos nos afectan de manera desigual: a mí, por ejemplo, me molestan las frecuencias agudas y parece que esto no es ninguna tontería, dado que, según los expertos, la sociedad está perdiendo audición. Para curarme en salud, nada mejor que visitar a un otorrinolaringólogo especializado en contaminación acústica.

Médico: Vamos a ver tus oídos, si te parece, para ver si está afectado el tímpano, que es una membrana que tenemos todos, y que, conectada a unos huesecillos, hace de caja de resonancia y transmisión auditiva. Con un ruido fuerte, como una explosión o un petardo, puede llegar a romperse, y si la exposición es de contaminación acústica lo que hace es afectar más al oído interno.

Mujer: El doctor necesita todavía más datos sobre mi oído, por eso decide realizar una sencilla audiometría en la que verá hasta qué frecuencias llega mi oído: aunque flojo, oigo el tono de los 35 decibelios; los 70 llegan incluso a hacerme daño, lo que vendría a ser el nivel de un camión pasando por tu lado. El resultado es positivo y el doctor dice que estoy dentro de la normalidad.

Médico: Cada vez son más los pacientes que vienen al Instituto Dexeus con problemas de audición, sobre todo en personas jóvenes que están sometidas a un ruido ambiente, especialmente de diversión. El ruido sonoro de una gran ciudad, en máximo apogeo, está en torno a los 100 dB; por ejemplo, cuando hay obras, con un martillo neumático, está en torno a los 140. Piensa que nosotros, los otorrinos, siempre aconsejamos intensidades sonoras en torno a un máximo de 75/80 dB. Lo que es un ambiente ruidoso, sonoro agradable, estaría en torno a 30/40, con lo cual, puedes entender que las grandes ciudades pueden estresar y molestar los oídos. La lesión que provoca la exposición al ambiente sonoro y a la contaminación acústica es una lesión irreversible, una vez producida no hay manera de solucionarla.

Mujer: Mis oídos han pasado el examen, pero los que no soportan más el ruido son los vecinos de este barrio del centro histórico de Madrid. Ahí, como en muchas otras ciudades españolas, las calles rebosan animación y los bares son la columna vertebral de las relaciones sociales. Incluso paseándonos en un día laborable podemos encontrar un ambiente que te invita a unirte a la fiesta. Sin embargo, son muchos los vecinos que reprueban esta situación. Nos acercamos con la policía a un domicilio denunciado por exceso de ruido. Mientras nos acercamos, un montón de personas toma las calles, indicándonos que, irremediablemente, empieza el fin de semana. Los agentes han localizado el lugar denunciado por el ruido de la fiesta. Suben sigilosos a la casa de al lado para que no se enteren de su llegada. Allí, toman una medición del ruido del vecino molesto. El sonómetro da positivo, pero antes de ir a hablar con los de la fiesta, los agentes toman más mediciones para confirmar sus datos y después les comunican la infracción administrativa. Se les pide que dejen de hacer ruido para hacer la medición desde el mismo lugar de antes para comprobar la diferencia de decibelios.

Lo que está claro es que, sea cual sea la fuente generadora del ruido, por la noche es el momento en el que nos provoca más trastornos. Se ha comprobado que dormir es como bajar los peldaños de una escalera: primero tenemos el sueño superficial, después el sueño profundo, que es donde descansamos físicamente, y después el sueño REM, que es donde se descansa intelectualmente. Mientras dormimos, tenemos 5 o 6 microdespertares que no recordamos al día siguiente, y cuando dormimos en una ciudad aumentan más de un 20 %. Eso significa que en una noche se pasa mucho tiempo en sueño superficial. Por eso, cuando se levanta esa persona, tiene la sensación de haber dormido como cada día, pero no se siente descansada, así que aunque no nos demos cuenta, la contaminación acústica nos afecta y las consecuencias pueden ir desde la fatiga crónica hasta la ansiedad o la depresión.

827 palabras   *Adaptado de www.rtve.es*

SOLUCIONES JUSTIFICADAS

EXAMEN 1

Prueba 1. Uso de la lengua, comprensión de lectura y auditiva

Tarea 1: Completar los huecos. *Azares del oficio (Antonio Muñoz Molina), p. 8*

1-B: Me asombraba y me halagaba (agradaba) una modesta notoriedad (fama) local […]. Por el contexto es incompatible *hastiaba* (disgustaba) *y agasajaba,* término que implica un trato expresivo y cariñoso, idea que no aparece en el texto. **2-A:** […] y eso me animaba a escribir más, a tantear (considerar detenidamente) de nuevo la posibilidad de una novela… No puede ser *cavilar* porque se construye con *en* o *sobre*, ni *indagar* que significa 'averiguar algo con preguntas', matiz que no está presente en el texto. **3-A:** […] el poco o mucho talento […] no es nada sin ciertos azares (casualidades, hechos fortuitos) decisivos… Los términos *sino* (destino, hado) y *riesgo* (contingencia o proximidad de daño) suelen usarse con un significado negativo, lo que es inadecuado en este contexto. **4-B:** …detrás de la mayor parte de los cuales hay al menos un acto (concentración del ánimo en un sentimiento o disposición) de generosidad. En esta acepción se trata de una combinación fija, por este motivo quedan excluidas las otras dos opciones: *hecho* y *ademán*. **5-B:** El pintor Juan Vida me diseñó gratis la portada… Es el término específico que recibe la cubierta o primera página de un libro, la que suele ser objeto de diseño. Por ello, se desestiman *cobertura* y *encuadernación*. **6-C:** …y me asesoró en el mundo recóndito (escondido, oculto) de las imprentas locales. *Turbio* tiene el significado de 'confuso, poco claro y deshonesto' y *desatinado* el de 'sin tino, sin juicio, sin cordura'. No son apropiados en este contexto. **7-A:** […] y hasta un conocido se ofreció a llevar los ejemplares (escritos sacados de un mismo original) de cinco en cinco por las librerías […]. Es el término específico y apropiado en esta frase. Por este motivo se excluyen *escritos*, término demasiado general, y *tomo*, que lleva implícita la idea de ser una parte de una obra impresa. **8-C:** Tener un libro con mi nombre en la primera página era algo y no era nada. Verlo en el escaparate (espacio exterior de una tienda con cristales para exponer mercancías) de la librería de un amigo. *Mirador* (lugar desde donde se mira) y *umbral* (parte inferior en una puerta o entrada) no son términos adecuados. **9-C:** […] o en un anaquel (estante) de una papelería en la que los cinco ejemplares… *Alféizar* (borde de ventana) y *aparador* (mueble para el servicio de la mesa) no son términos apropiados en este contexto. **10-B:** …cada vez que yo entraba a comprar unos folios (hojas de papel). Se descartan *pliegos,* que son piezas de papel dobladas, término cuyo uso está restringido al mundo de la imprenta, y *legajo*, que es un conjunto de papeles que tratan de una misma materia. **11-A:** …o simplemente a mirar de soslayo (de lado, oblicuamente) a ver si faltaba algún ejemplar. Solo esta locución adverbial expresa la idea de mirar disimuladamente o de forma no directa, que es lo conveniente en este contexto. *De un tirón* (de una vez, de golpe) y *de hito en hito* (fijamente) no encajan. **12-A:** Vivía en la congoja (angustia, aflicción) de invisibilidad del aspirante a escritor… El autor estaba afligido por sentirse invisible como escritor. Los términos *condolencia* (participar en el dolor ajeno) y *osadía* (atrevimiento) no reflejan ese sentimiento que el autor quiere expresar.

Tarea 2: Insertar los fragmentos que faltan en un texto. *La filosofía de la innovación (Steve Jobs), p. 10*

13-D: Las ideas del párrafo separado: «Su intervención en la Universidad… manual filosófico…» están relacionadas con las del anterior: «sus discursos, concisos y llenos de sabiduría» y con las del siguiente: «Tu tiempo es limitado, no lo malgastes…». **14-G:** Los conceptos del fragmento extraído: «Antes ya había dejado claro que el dinero no era parte de su felicidad» se corresponden con los del anterior: «todo eso desaparece (…) dejando solo lo verdaderamente importante…». **15-E:** La clave está en los dos puntos del texto separado que preceden a la cita literal:… «lo que existía estaba a punto de desaparecer». «El mercado…». **16-F:** En el mismo párrafo se dice: «la innovación es lo que distingue a un líder…», idea que aparece en el texto extraído: «…van a desear algo nuevo». **17-A:** El tema del que habla en el texto separado es el diseño: «Para mí, nada es más importante en el futuro que el diseño…»,

el mismo con el que continúa el texto: «…la estética, la calidad, tienen que ser llevadas hasta el final».
18-B: Las palabras: «Lo que ha conseguido […] es hacer una muesca en el universo…» guardan una relación de significado con las del párrafo siguiente: «Una ambición que pudo…».
No se elige el fragmento C.

Tarea 3: Relacionar seis textos y ocho enunciados. *Reseñas sobre la publicidad*, p. 12
19-C: …indica que la publicidad pudo estar ausente un tiempo (la publicidad no ha muerto, que estaba de parranda), pero que nunca ha desaparecido (la publicidad, como la energía, no se crea ni se destruye, solo se transforma). **20-A:** …se propone ahondar en el mensaje auténtico comprendido en los reclamos publicitarios (el propósito concreto de conocer los significados profundos que encierran los anuncios). **21-D:** …se estudia el uso de la publicidad en ámbitos diversos (diseñar anuncios en nuevos espacios como la cultura, la psicología, la sociología y la tecnología). **22-B:** …de un libro ameno (lectura entretenida), es una obra que acusa el paso del tiempo (se echa en falta una nueva edición […] adaptada a hábitos de consumo actuales). **23-D:** …se indica que la mayor información del público sobre las estrategias publicitarias (la gente conoce los medios cada vez mejor) puede dificultar el trabajo de los publicistas (exige nuevos esfuerzos a los creativos). **24-E:** …un libro que es un compendio (un resumen) de la diversidad y variedad de elementos (envase, diseño, posicionamiento, precio, distribución, red de ventas) que conforman la publicidad. **25-F:** …se señala que la comprensión de un anuncio exige dedicar empeño y ahínco en su interpretación (concienciarle [al lector] de la necesidad de invertir esfuerzos en el análisis crítico del mensaje publicitario). **26-B:** …se habla de un libro que puede modificar las convicciones sobre hábitos de compra de productos (las conclusiones más claras sobre estos estudios, con las que incluso tu modo de pensar como consumidor podría cambiar).

🔊 Tarea 4: Extraer las cinco frases que resumen un texto auditivo. *Tú no sabes que no sabes lo que pasa*, p.15
27-A: Muchas personas consideran que los diarios suministran información fehaciente. Hay mucha gente que se refiere a periódicos famosos como si fueran una foto fidedigna de la verdad. **28-C:** Los medios de comunicación dan primacía al lucro sobre la ecuanimidad de la información. […] buscan la rentabilidad, lo cual distorsiona, pervierte y modifica nuestra relación con la información. **29-G:** Los medios de comunicación vetan la publicación de opiniones antagónicas a las suyas. Estas elites mediáticas […] cierran la puerta a todas las voces divergentes, subversivas o de alguna manera contrarias a su postura. **30-K:** El planteamiento central de la *Manufactura del consentimiento* es persuadir a las masas de la originalidad de sus ideas. […] la idea principal de la *Manufactura del consentimiento* es […] sembrar en nosotros la semilla de que las ideas son nuestras. **31-L:** El mayor riesgo que corremos es desconocer que carecemos de información verídica. […] lo peligroso de esto no es […], sino que la gran mayoría de la gente ni siquiera sabe que no sabe lo que está pasando.

• **Las frases siguientes no resumen el texto:**
B: Los que trabajan en los medios de comunicación pueden llegar a ser farsantes, ya que solo buscan las ganancias. En el texto se dice: «No es que la gente sea mala, quiera mentir o engañar». **D:** Los patrocinadores de las empresas de medios influyen en la orientación ideológica de las noticias. En el texto escuchamos: «los líderes de opinión de los medios […] marcan la pauta narrativa de lo que se puede hablar o no hablar, […] cierran la puerta a todas las voces divergentes […]. El cuarto punto importante […] es la censura […]». En ningún momento se indica una influencia en las noticias, solo una selección o censura de algunas. **E:** La publicidad de los medios de comunicación está condicionada por la ideología de la elite mediática. En el audio se afirma que «todas las empresas de medios, de alguna manera, funcionan con anunciantes: el verdadero cliente de los medios es el anunciante, son los patrocinadores». En el texto no se menciona ningún condicionante ideológico. **F:** Los políticos afines a la ideología de los medios son los que dictan lo que se debe o no se debe decir. «El tercer filtro es la elite mediática: los líderes de opinión de los medios, que marcan la pauta narrativa de lo que se puede hablar o no hablar […]». **H:** La elite de los medios sortea a veces la legalidad para

modificar los contenidos de algunas noticias. En el texto se indica que puede acudirse a la legalidad para censurar contenidos: «hay temas de los cuales simplemente no se habla, llegando al punto de <u>adoptar restricciones legales para que no veamos algún ángulo específico</u> sobre lo sucedido o un evento histórico importante para nuestra memoria histórica». **I:** Los medios de comunicación llegan a incluir algunos eventos históricos no contrastados como parte de nuestra memoria histórica. En el texto se señala que las restricciones legales se usan «<u>para que no veamos</u> algún ángulo específico sobre lo sucedido o <u>un evento histórico importante para nuestra memoria histórica</u>». **J:** Los medios de comunicación tendenciosos suelen crear muchos enemigos. «Es muy normal que algunos medios con determinados sesgos ideológicos <u>traten de crear un enemigo</u> […] Es mucho más fácil decir que <u>el verdadero enemigo es tu responsabilidad individual</u> […]».

🎧 **(2) Tarea 5: Seleccionar las ideas expresadas por un hombre, una mujer o ninguno en un texto auditivo.** *La telebasura en los medios de comunicación*, p. 16

32-N: Los mayores perjudicados por la telebasura son los niños y jóvenes. […] considero que es un fenómeno muy peligroso que <u>afecta a todo tipo de audiencias</u>. **33-H:** La degeneración que sufren los programas de ocio es peligrosa porque los espectadores pueden imitar lo que ven. […] un instrumento de <u>degradación</u> de gustos y costumbres, con el consiguiente <u>riesgo de mimetismo y de imitación</u> por parte de los receptores. **34-N:** La mayor responsabilidad en la erradicación de la telebasura corresponde a los gobernantes y a los directivos de las cadenas de televisión. […] <u>educadores, intelectuales y líderes de opinión</u>, por una parte, y <u>gobernantes y políticos</u>, por otra, tienen una importante responsabilidad ante ellos mismos. **35-M:** Es un enigma por qué los espectadores se sienten atraídos por la telebasura. […] la pregunta clave es quiénes son los televidentes y por qué se sienten atraídos por estos programas. **36-N:** La intromisión en la intimidad personal es la cuestión más preocupante en programas de telebasura. Este fenómeno abarca una amplia gama de contenidos, desde la <u>invasión de la vida privada</u> hasta la <u>creación de personajes ficticios que se convierten en elementos de referencia</u>, junto a los espectáculos que incluyen <u>violencia o pornografía</u>. **37-M:** Se expresa el deseo de que se apliquen normas por parte de los responsables implicados en los contenidos televisivos. […] lo que sí se impone es la elaboración concienzuda de un código deontológico aceptado por todas las partes interesadas […]. **38-M:** La telebasura es un problema serio del que todos debemos ser conscientes. […] este problema recae en educadores, intelectuales, líderes de opinión, gobernantes y políticos, todos con una importante responsabilidad. […] afecta a nuestra sociedad civil.

🎧 **(3) Tarea 6: Selección múltiple en un texto auditivo.** *Entrevista a Jordi Hurtado*, p. 17

39-C: El distintivo del programa es su originalidad frente a otros programas. « […] <u>a diferencia de otros concursos que</u> […] son fórmulas que <u>existen en todas las televisiones del mundo. Este programa no</u> […]». La frase **A** no es correcta porque en el audio es la entrevistadora quien dice «es el <u>tercer contenido</u> de La 2 con más espectadores en RTVE Play», el entrevistado contesta «Hombre, ¡qué bien! Gracias por la noticia. No lo sabía». La respuesta **B** tampoco lo es, ya que en el texto se señala que «es el <u>tercer contenido</u> de La 2 con más espectadores en RTVE Play», no el tercer concurso. **40-B:** Es un concurso originado en España. «[…] este tiene esa artesanía <u>que se ha creado aquí</u> […]». La opción **A** no es cierta, porque, aunque el entrevistado indica «[…] y lo vamos modificando […]», no se señala que la causa de los cambios sea debida a no ser un programa importado. **C** *El programa está formulado atendiendo a los gustos de los españoles*, tampoco es correcta, ya que la frase «Y luego la forma de hacerlo, la forma de los guiones, de las preguntas […]» se relaciona con la originalidad del programa, con «[…] esa artesanía <u>que se ha creado aquí</u> […]». **41-C:** A algunos participantes se les ha permitido estar en más de 100 programas. […] tenemos cuatro que <u>han estado 200 programas</u>. Respecto a la opción **B**, *A los participantes que llegan a 200 programas se les hace una celebración especial*, tampoco es correcta porque lo que escuchamos es que «tenemos varios que […] <u>se han reincorporado por celebraciones como la de los 20 años</u>». Tampoco es posible la respuesta **A**, ya que en la audición se dice: «Estamos llegando a las nuevas generaciones», no que estas participen en el programa. **42-B:** Los participantes poseen un amplio abanico de conocimientos. […] <u>saben de muchísimas cosas</u>. No es correcta la opción **A**, porque se dice de los concursantes «que tienen mucha curiosidad, mucha inquietud», no que las preguntas les causen inquietud. La respuesta **C** *Las respuestas de algunos participantes son improvisadas*, es asimismo incorrecta, pues lo que escuchamos en el audio es que el presentador del programa se sorprende ante las respuestas de algunos espectadores, lo cual no implica que sean improvisadas. **43-A: Le agrada la reacción de la gente cuando lo ve.** «No que veas un índice de audiencia («¡Ay, ¡qué bien! ¡Cuántos millones de personas nos ven!»), sino que te quieran. [...] que tengas precisamente esa vuelta de cariño, eso es lo mejor que puede tener un profesional» [...]. No es la opción **B** porque no es él sino la entrevistadora la que dice [...] «que la gente todavía te mire con ese cariño y con esas ganas de darte un abrazo [...]». Tampoco es la **C** ya que no comenta nada de esto en ningún momento. **44-B: Una persona debe permanecer activa en todos los planos de su vida.** [...] «pasarte tantas horas activo, moverse, estar activo, en todo, en todos los sentidos» [...]. No es correcta la opción **A**, porque es la entrevistadora la que habla del chocolate [...] «aparte de tomar chocolate [...] ¿Qué más haces para estar cómo estás?». La respuesta **C** *Estar al día es importante para las personas de más de 60 años* es también incorrecta, pues lo único que escuchamos en el audio es que el presentador habla de lo importante de estar activo en todo, en todos los sentidos [...], sin mencionar la edad.

🔊 Tarea 7: Ocho monólogos con expresiones idiomáticas o coloquiales, p. 18

45-H: [...] nos quedamos de piedra. **46-F:** ¿Estás de broma? **47-A:** Yo pongo la mano en el fuego [...].**48-I:** ¡Ya te vale! **49-B:** Estoy en vilo. **50-K:** [...] está dando botes. **51-L:** [...] qué se le va a hacer. **52-C:** No voy a dar mi brazo a torcer.

45-Persona 1-H. sorpresa. Cuando **alguien se queda de piedra** es como si se convirtiera en una estatua. Por tanto, significa que se sorprende mucho y no reacciona durante unos segundos.

46-Persona 2-F. incredulidad. La persona que formula esta pregunta (**¿Estás de broma?**) muestra o finge incredulidad, porque le resulta difícil aceptar lo que le han dicho.

47-Persona 3-A. confianza. Cuando **ponemos la mano en el fuego** por alguien apoyamos a esa persona y sus acciones. Expresa nuestra absoluta confianza en ella, pues sabemos que no va a ser necesario que nos quememos la mano.

48-Persona 4-I. reproche. **Ya te vale** expresa reproche. Cuidado con no confundir esta misma expresión sin el pronombre que equivale a «¡Basta ya!», que significa 'hartazgo' o 'enfado'.

49-Persona 5-B. inquietud. Cuando **estamos en vilo** nos sentimos inquietos, porque hay algo que nos preocupa porque no sabemos cómo se resolverá.

50-Persona 6-K. entusiasmo. **Está dando botes** recuerda a un balón o cualquier objeto elástico que sube tras chocar con el suelo, es decir, se produce un salto. Cuando **damos botes** estamos saltando de alegría.

51-Persona 7-L. resignación. La expresión **qué se le va a hacer** se emplea cuando la persona sabe que la situación de la que habla no tiene remedio, y debe aceptarla pese a que no es la deseada.

52-Persona 8-C. firmeza. Cuando alguien **no da su brazo a torcer**, no cede. Significa que no se deja disuadir por las opiniones o sugerencias de quien intenta convencerlo.

Prueba 2 y 3

En la Prueba 2, la Tarea 1 dispone de un modelo de artículo argumentativo en la página 21 del libro del alumno. En la Prueba 3, la Tarea 2 dispone de preguntas sobre el uso de Internet en España para guiar y preparar su intervención en la página 28 del libro del alumno.

EXAMEN 2

Prueba 1. Uso de la lengua, comprensión de lectura y auditiva

Tarea 1: Completar los huecos. El golpe de Estado *Anatomía de un instante. (Javier Cercas)*, p. 32

1-B: La imagen, congelada, muestra la parte izquierda del <u>hemiciclo</u> (espacio central del salón de sesiones del Congreso de los Diputados) [...]. Es el término específico en este contexto, por eso se descartan *anfiteatro* (zona de asientos de teatros, cines e instituciones docentes) y *tendido* (tipo de grada o asiento de una plaza de toros). **2-B:** [...] a la derecha se encuentran los <u>escaños</u> (asientos de los parlamentarios en las Cámaras) ocupados al completo por los parlamentarios... *Palco* es un tipo de asiento de los teatros y *banquillo* es un asiento de los tribunales o de los reservas en los campos de fútbol. **3-C:** [...] en el centro, la tribuna de prensa <u>atestada</u> (con excesivo número de personas) de periodistas. Ni *maltrecha* (maltratada, en mal estado), ni *ahíta* (saciada, empachada, harta) tienen relación lógica con la frase. **4-A:** ...con la tribuna de oradores en primer <u>término</u> (en el lugar más cercano al observador). Se trata de una locución adverbial, una fijación léxica de la lengua que no se produce con *lado* ni *sitio*. **5-A:** [...] un guardia civil en el hemiciclo: está <u>apostado</u> (puesto, situado) en la esquina [...]. Ni *amoldado* (ajustado a un molde), ni *ceñido* (ajustado, apretado) tienen sentido en la frase. **6-C:** [...] el dedo en el <u>gatillo</u> (pieza del arma que se aprieta con un dedo para disparar) del subfusil de asalto. *Detonador* y *cartucho* son términos relacionados con las armas, pero no se aprietan con el dedo. **7-B:** [...] dando pasitos <u>mullidos</u> (blandos, suaves) por la alfombra... Se trata de una figura literaria: la cualidad y textura de la alfombra (blanda, esponjosa) se traslada a los pasos. *Susurrantes* (en voz baja, con ruido suave) se excluye porque sugiere sonido e *ingentes* (muy grande) es incompatible con *pasitos*. **8-B:** los parlamentarios parecen <u>petrificados</u> (inmóviles de asombro y terror) en sus escaños. *Apegados* (con afecto, inclinación) se construye con *a*, y *ufanos* (satisfechos, contentos) no es el término más apropiado para una situación de miedo. **9-A:** un silencio solo roto por un <u>murmullo</u> (ruido continuado y confuso) de toses domina el hemiciclo. Las palabras *ronroneo*, especie de ronquido del gato, y *cuchicheo*, conversación en voz baja y al oído, no pueden relacionarse con las toses de fondo. **10-A:** [...] abarca el semicírculo central y el <u>ala</u> (parte en que se divide un espacio) derecha del hemiciclo... Aunque lleve el artículo *el*, *ala* es un nombre femenino. *Flanco* y *extremidad* tienen significados parecidos a *ala*, pero no concuerdan con *derecha* y *el*, respectivamente. **11-C:** ...los taquígrafos y un <u>ujier</u> (portero de estrados de un palacio o tribunal) se incorporan [...]. *Bedel* (auxiliar en centros de enseñanza) y *celador* (vigilante) se usan en otros contextos. **12-C:** [...] la votación nominal de <u>investidura</u> (ceremonia de toma de posesión de un cargo) de Leopoldo Calvo Sotelo como nuevo presidente del Gobierno [...]. No son apropiados en esta situación *otorgamiento* (permiso, consentimiento) ni *proclamación* (ceremonia con que se inaugura un nuevo reinado o principado).

Tarea 2: Insertar los fragmentos que faltan en un texto. *Discurso de Vargas Llosa*, p. 34

13-E: El párrafo extraído: «Pero <u>estas dudas</u> nunca asfixiaron mi vocación y seguí siempre escribiendo...» está relacionado sintáctica y semánticamente con el anterior: «Algunas veces <u>me pregunté si</u> [...] escribir no era un lujo...». **14-C:** Gracias al conector argumentativo podemos relacionar el fragmento separado «<u>Por el contrario</u>, gracias a la literatura, [...] la civilización es ahora menos cruel...» con el párrafo donde el autor trata sobre la función de la literatura: «Creo que hice lo justo, pues, <u>si para que la literatura florezca</u> [...] la <u>libertad, la prosperidad y la justicia</u>, ella no hubiera existido nunca». **15-A:** En este caso hay una relación sintáctica evidente entre el fragmento que falta: «<u>Quienes dudan</u> de que la literatura, [...] nos alerta contra toda forma de opresión,» y su continuación, pues se trata de la misma frase separada por una coma (,) «<u>pregúntense</u> por qué todos los regímenes [...] <u>la temen tanto</u> [...]». **16-D:** En la última frase del párrafo anterior aparece la pregunta cuya respuesta está en el fragmento que se ha quitado: «Lo hacen porque saben el riesgo que corren dejando...». **17-B:** La clave de este ítem está en una figura de repetición que aparece en el párrafo extraído: «<u>Cuando</u> la gran ballena blanca sepulta al capitán Ahab en el mar...» y prosigue en el siguiente: «<u>Cuando</u> Emma Bovary se traga el arsénico, Anna Karenina [...] y <u>cuando</u>...». **18-F:** Después de citar a personajes universales de la literatura y de señalar el sentimiento común que une a todos los lectores, el autor concluye con un párrafo que resume las ideas anteriores: «La literatura crea una fraternidad dentro de la diversidad humana y eclipsa las fronteras...». No se elige el fragmento G.

Tarea 3: Relacionar seis textos y ocho enunciados. *Reseñas sobre arquitectura urbana,* p. 36

19-F: El autor… nos invita (nos lleva de la mano) a revisar la historia de la arquitectura desde un punto de vista poco habitual (bajo esta óptica un tanto insólita). **20-A:** En esta obra se hace referencia a la funcionalidad (debe ser práctico) que deben regir el diseño de objetos y espacios (el mobiliario urbano) en el urbanismo público (en el espacio público). **21-C:** La obra objeto de esta reseña contempla la trayectoria (el rumbo) que está siguiendo una tendencia arquitectónica (la arquitectura ecológica) y su pugna con la arquitectura general (en su lucha con la urbanización global). **22-C:** La lectura de esta obra se hace imprescindible (este libro es de obligada lectura) para <u>todos los</u> que <u>sientan inclinación</u> por este <u>enfoque</u> de la arquitectura (para <u>los profesionales y estudiantes</u> que <u>se interesen</u> en el <u>cuidado del medioambiente</u>). **23-E:** En este libro se analiza de qué maneras puede influir el diseño de las ciudades <u>en el comportamiento humano</u> (por qué el uso del automóvil […] qué hace que una calle sea atractiva…) (y <u>por qué preferimos</u> estar al borde de una plaza y no en medio de ella). **24-F:** Según esta obra, hay elementos comunes en la arquitectura de todos los tiempos (hay elementos arquitectónicos que se repiten a lo largo de los siglos). **25-D:** Esta obra plantea, entre otros temas relacionados con la arquitectura, que renovación y mantenimiento no son términos equivalentes (¿en qué se diferencia la restauración de la conservación?). **26-B:** En esta obra se hace alusión a un estilo (diseño arquitectónico y de interiores) que busca espacios desahogados (superficies despejadas) y evita el diseño recargado (ausencia de elementos superfluos).

(6) Tarea 4: Extraer las cinco frases que resumen un texto auditivo. *Pasión por la arqueología: Chichén Itzá,* p. 39

27-A: El nombre de esta ciudad proviene de su pozo y de la gente que allí vivió, los itzá. Chichén-Itzá evoca sin rodeos lo que la hizo tan famosa, su <u>enorme pozo</u> natural *ts'ono'ot,* devorador de víctimas humanas <u>y sus fundadores, los iztá</u> […]. **28-E:** Los mayas tenían a los itzá como gente muy ruda, zafia, amoral y poco cultivada. De los Itzá, los mayas decían en cambio que eran <u>salvajes, vulgares, incultos y sin moral</u>… **29-G:** Las urbes anteriores a la colonización tenían una organización diferente a la de las ciudades europeas. <u>Contrariamente</u> a lo que se conocía en <u>el Viejo Continente,</u> el plano de las <u>ciudades prehispánicas</u> no era en cuadrícula, y las calles no estaban flanqueadas por edificios. **30-I:** Los itzá utilizaban diferentes técnicas para atraer la atención de la gente, basadas en la puesta en escena, ya que la mayoría de la población era analfabeta. […] la mayor parte de su población <u>no sabía ni leer ni escribir.</u> […] El principio es sencillo: <u>orientar de manera sistemática la mirada del espectador</u> y suscitar en él la sorpresa, la emoción, el respeto y el temor reverencial […] combina a ultranza el <u>efecto de las luces y las sombras, las superficies, las formas y volúmenes, los colores.</u> **31-J:** Mediante las escaleras, los itzá unían lo terrenal y lo espiritual. Elementos omnipresentes y fundamentales, <u>las escaleras.</u> Por todas partes rompen la unidad del paisaje urbano e invitan a la imaginación a elevarse aún más alto en su <u>preocupación obsesiva de comunicación entre el mundo terrestre y celeste.</u>

• **Las frases siguientes no resumen el texto:**

B: Antes de que llegaran los españoles, Chichén Itzá ya era un lugar visitado por <u>mucha</u> gente por devoción. En el texto se dice que fue un <u>modesto</u> centro de peregrinaje. **C:** Los itzá eran devoradores sagrados de víctimas humanas. Escuchamos: «su enorme <u>pozo natural</u> […] devorador de víctimas humanas», no los itzá. **D:** Los mayas, descendientes de los itzá, tuvieron durante doscientos años la supremacía sobre todo Yucatán. Escuchamos: «…<u>bajo el impulso de los itzá</u> […]. Durante doscientos años, la ciudad disfruta de un esplendor sin igual y sus <u>dirigentes</u> ejercen su supremacía sobre todo Yucatán». Sus dirigentes no son los mayas, sino los itzá. **F:** Los itzá llegaron al Yucatán, en la altiplanicie mexicana, en el siglo x, por razones políticas y económicas. En el audio se dice: «los itzá procedían de […] Tula, en la altiplanicie mexicana», no que el Yucatán esté allí. **H:** El sector norte de Chichén-Itzá fue construido más tarde que el sur. El audio dice: «Siempre se pensó que el sector <u>sur</u> correspondía a la ciudad <u>antigua</u>, levantada por los mayas antes de la llegada de los invasores, mientras que la parte <u>norte</u> correspondía a la ciudad <u>nueva</u>, construida por los itzá toltecas». **K:** *El Castillo,* monumento hispánico de gran majestuosidad, ocupa la parte alta de la ciudad. *El Castillo* está en «el <u>corazón</u> de este vasto tejido urbano», no en la parte alta de la ciudad, y además <u>no es un monumento hispánico</u>, sino que el nombre se lo pusieron los conquistadores españoles. **L:** Quetzalcóatl, deidad venerada por los mayas, se representaba como un reptil emplumado. El audio dice: «Quetzalcóatl, la serpiente con plumas venerada en Teotihuacán y bautizada Kukulcán por los mayas».

🎧7 Tarea 5: Seleccionar las ideas expresadas por un hombre, una mujer o ninguno en un texto auditivo. *Origen del flamenco, p. 40*

32-M: El flamenco nace, en parte, de la unión entre las manifestaciones artísticas de distintos pueblos. El origen del flamenco se remonta al pueblo gitano procedente de India, que trajo consigo su música fusionándola con la que iba encontrando en su camino. **33-M:** Este arte es idóneo para sugerir una enorme emotividad por medio de enérgicos bailes y el sentimiento de su música.[…] por ser capaz de transmitir una gran intensidad emocional a través de profundos lamentos en el cante, rasgueos de guitarra, potentes zapateados y bellos movimientos de brazos de sus bailaoras y bailaores. **34-N:** El flamenco se creó en la India. Posteriormente se le añadieron elementos de otros países (proviene de la música de los gitanos de la India junto con otras músicas. El flamenco no se creó allí). El origen del flamenco se remonta al pueblo gitano procedente de India, que trajo consigo su música […], el flamenco es el resultado de la fusión musical de los pueblos, culturas y religiones que pasaron por Andalucía, es decir, la cultura de gitanos, árabes, cristianos y judíos. **35-H:** El flamenco y el *blues* tienen elementos comunes. Igual que en lo más hondo del *blues* laten el dolor y lo sombrío, en el corazón del cante flamenco anidan el desgarro y la pena. **36-M:** La forma de baile flamenco que se conoce hoy se desarrolló hace dos siglos. Sin embargo, los tipos de flamenco que conocemos hoy en día se configuraron a partir del siglo XIX. **37-H:** Algunos afirman que el flamenco nace en los centros penitenciarios y en las explotaciones mineras. Y dicen que el flamenco se originó principalmente dentro de las familias gitanas en las cárceles y más tarde también en las minas. **38-N:** Los apasionados de este arte consideran que la unión del flamenco con distintas músicas adultera su esencia. Algunos amantes del flamenco puro piensan que estas fusiones son una manera de desvirtuar el arte original […].

🎧8 Tarea 6: Selección múltiple en un texto auditivo. *Entrevista a Pedro Almodóvar, p. 41*

39-B: Almodóvar afirma que no le gustan en absoluto los *biopics*. «Le tengo especial manía a lo autobiográfico […]». La **A**, *Los relatos de su libro son de autoficción*, no es correcta porque en el audio dice que solo algunos de sus relatos son de autoficción. La respuesta **C**, *Se mira al espejo y no le gusta lo que ve*, tampoco es correcta puesto que Almodóvar afirma que no le gusta mirarse al espejo. **40-A:** Almodóvar dice que escribió un relato sobre su madre justo cuando murió. […] hay un relato […], lo escribí justo después de su muerte. La respuesta **B**, *En uno de sus relatos habla sobre el tiempo previo al entierro de su madre*, no es correcta precisamente por lo que se dice en **A**. Escribió el relato sobre su madre cuando la enterraron. Asimismo, la **C**, *La figura de su madre aparece en dos de sus relatos*, no es correcta porque el director manchego dice que solo ha escrito un relato sobre su madre. **41-C:** El entrevistado nos comenta que, en su pueblo, los niños se educaban con las vecinas. Las madres nos dejaban al cuidado de las vecinas cuando no podían llevarnos con ellas. La **A**, *Su madre apareció como actriz en La flor de mi secreto* no es correcta, porque lo que escuchamos en la entrevista es que su madre estaba pendiente en los ensayos de la película, no que actuara en ella, aunque sí apareció en *Qué he hecho yo para merecer esto*. La **B**, *Sus vecinas del pueblo aparecían en Qué he hecho yo para merecer esto*, tampoco es correcta, ya que las vecinas no aparecen, solo se las nombra. **42-C:** Según Almodóvar, la película *Entre tinieblas* se llevó al extranjero. Yo pude hacer *Entre tinieblas*, ponerla fuera de España y ponerla en *prime time* y no ocurrió nada. La respuesta **A**, *Hirió muchas susceptibilidades*, es falsa, porque Almodóvar no dice que esta película hiriera susceptibilidades, sino que, en general, las susceptibilidades son muy peligrosas, porque se llaman censura. La **B**, *Sufrió las consecuencias de la censura fuera de España*, también lo es, dado que el entrevistado no dice que la censura actuara fuera de España con sus películas. **43-A:** Pedro Almodóvar nos informa de que soledad y aislamiento no son lo mismo. […] y ya no es solo el aburrimiento y el tedio, es algo que va más allá, que tiene que ver con la angustia y con el aislamiento, que es otra cosa diferente a la soledad. La **B**, *Se siente tan exhibido en el cine como en los relatos* no es correcta porque lo que nos cuenta es que se siente más expuesto en los relatos que en las películas. **C** *Siente angustia en Semana Santa* tampoco es correcta puesto que lo que dice es que le teme hasta al Jueves Santo. **44-B:** Almodóvar nos cuenta que en los 80 no se aburría con nada. En los 80, en los 90, o incluso a principios de los 2000, la palabra *tedio* no existía en mi vocabulario. Escuchamos en el audio que es ahora cuando se ha convertido en un misántropo; y añade que no es definitivo. Por lo tanto, la **A**, *En los 80 era un misántropo*, es incorrecta. Almodóvar dice que descubrió que, si te aburres y, de pronto, te enfrentas a un día tedioso: es absolutamente una derrota. En la respuesta **C**, *El ser un solitario no significaba ser derrotado*, dice todo lo contrario.

🔊 9 Tarea 7: Ocho monólogos con expresiones idiomáticas o coloquiales, p. 42

45-G: Estoy hecha polvo. **46-A:** Y pretende que me lo trague. **47-K:** Se me ha puesto la piel de gallina. **48-L:** Ha caído de pie. **49-E:** Te estoy hablando con el corazón en la mano. **50-D:** Estás como una cabra. **51-B:** Estoy con el alma en vilo. **52-J:** Debe de haberte costado un ojo de la cara.

45-Persona 1-G. cansancio. **Estar hecho polvo** sugiere un cansancio extremo. La persona que habla dice que ha recorrido a pie unos 10 km y que por eso está cansada.

46-Persona 2-A. incredulidad. Esta persona dice que no cree que la escultura se haya caído sin más (*se de in-voluntariedad), **no se lo traga**.

47-Persona 3-K. miedo. Se le pone **la piel de gallina** a alguien cuando tiene miedo/está asustado, pero también cuando siente una emoción muy grande o cuando tiene frío.

48-Persona 4-L. envidia. Se dice que el escritor **ha caído de pie**, insinuando que lo ha tenido muy fácil, no se ha esforzado nada y, sin embargo, ha ganado el premio. El hablante expresa inquina y envidia por tal hecho.

49-Persona 5-E. sinceridad. **Hablar con el corazón en la mano** indica una sinceridad extrema y exagerada.

50-Persona 6-D. enojo. Aunque **estar como una cabra** indica locura, en esta frase hay que entender todo el con-texto para ver que es un reproche con enfado y que lo importante es que no estoy en absoluto de acuerdo con lo que vas a hacer. De ahí **Cuando se entere tu madre a ver qué te dice**.

51-Persona 7-B. preocupación. Cuando alguien **está con el alma en vilo** nos indica que no se siente seguro por algo o que está inquieto por algún motivo.

52-Persona 8-J. agradecimiento. La expresión **costar un ojo de la cara** significa que el cuadro del que habla la persona es muy caro, pero después leemos **¿Por qué te has molestado en comprármelo?**, con lo cual nos deja claro que está respondiendo con agradecimiento al regalo.

Prueba 2 y 3: Expresión, mediación e interacción escritas y orales

En la Prueba 2, la Tarea 1 dispone de un modelo de carta al director de un periódico en la página 45 del libro del alumno.

En la Prueba 3, la Tarea 2 dispone de preguntas sobre la vida en las ciudades para guiar y preparar su interven-ción en la página 52 del libro del alumno.

Prueba 1. Uso de la lengua, comprensión de lectura y auditiva

Tarea 1: **Completar los huecos.** *El mito de las sirenas*, p. 56

1-A: … dios del río homónimo y **primogénito** de los dioses-ríos. En el texto se está hablando de la ascendencia y relaciones de parentesco, por eso *primogénito* (el hijo que nace primero) es el término adecuado, frente a *primerizo* (que hace algo por primera vez) y *primario* (primero o principal en orden y grado, primitivo). **2-C:** … nacieron de la sangre de Aqueloo **derramada** (vertida) por Heracles. *Rociada* (esparcida en menudas gotas el agua u otro líquido) y *diseminada* (esparcida, extendida) comparten parte del significado con *derramada*, pero son términos que no suelen asociarse de forma estable o fija con *sangre*. **3-C:** …antes de que esta fuera **raptada** (llevada por la fuerza o engaño) por Hades. *Apropiada*, en el sentido de tomar alguna cosa, se construye con pronombre (apropiarse de), y *detenida* (arrestada, prendida por una autoridad) es una opción inadecuada en este contexto. **4-B:** …y estas, muy ofendidas, las **desplumaron** (quitaron las plumas)… *Emplumaron* (pusieron plumas o castigaron recubriendo su cuerpo de plumas) es un contrasentido, dado que se dice que las sirenas ya tenían plumas. Respecto a *arrasaron,* ninguna de sus tres acepciones más usadas (allanar, destruir o triunfar) tiene sentido en el texto. **5-B:** …y se coronaron con **despojos** (partes de las aves muertas, restos, residuos). *Desechos* y *desperdicios* comparten significado con *despojos*, pero son términos que no son específicos para designar los restos de las aves. **6-C:** La música que tocaban atraía a los marinos, que **aturdidos** (perturbados, desconcertados) por el sonido… Este término tiene más sentido para expresar los efectos de la música que tocaban las sirenas que el adjetivo *atolondrado* (que actúa sin reflexionar) y *empachado* (con indigestión). **7-A:** … que se **estrellaba** (chocaba con violencia) contra los arrecifes. *Derrumbaba* (destruía, precipitaba) y *despeñaba* (caer desde un lugar alto) contienen la idea de caerse desde arriba, algo imposible para un barco que está en el mar. **8-C:** Varios héroes pasaron **incólumes** (sanos, sin lesión o daño) por su isla… La lógica del contexto nos hace desestimar *ilusos* (personas a las que se engaña, soñadores) e *infalibles* (que no pueden equivocarse o errar). **9-B:** De igual manera, Odiseo, fecundo en **ardides** (artificios, tretas o trucos para conseguir algo)… *Embrollos* (enredos, confusiones, embustes) y *deslices* (desaciertos, equivocaciones) no contienen la idea de aportar soluciones ingeniosas. **10-B:** …él se hizo **amarrar** (atar con cuerdas) al mástil del barco. *Abrochar* (cerrar con broches, botones…) y *enhebrar* (meter el hilo o hebra en el ojo de la aguja) no pueden relacionarse, como *amarrar*, con la palabra *desatar* que aparece en el texto. **11-A:** …divinidades del más allá (locución sustantiva: el mundo de ultratumba)… Con *acá* y *allí* no se puede formar esta locución. **12-A:** …las dibujan en **ataúdes** (cajas de madera donde se pone a los muertos para enterrarlos) y sarcófagos. Es imposible dibujar sirenas en *hoyos* (concavidad hecha en la tierra, sepultura) y poco probable en *tallas* (esculturas en madera y otros materiales).

Tarea 2: **Insertar los fragmentos que faltan en un texto.** *El talento se puede inventar (Eduardo Punset)*, p. 58

13-C: «¿Han oído hablar de la capacidad metafórica? Es el primer requisito del talento». Esta pregunta se responde en el texto que viene a continuación: «El primer día que uno de los homínidos cazadores recolectores exclamó […] estaba activando un **don** insospechado de **mezclar dominios cerebrales**…». **14-B:** Las palabras clave del fragmento separado: *metafórico, multidisciplinar* y *talento* están relacionadas con las del párrafo anterior: *capacidad metafórica, talento, mezclar dominios…* **15-G:** En el texto se dice: «…en el cerebro existen unos circuitos por donde se activan los llamados *inhibidores latentes*». Y en el párrafo extraído: «Las personas a quienes les funcionan adecuadamente (se refiere a los inhibidores) pueden leer una novela…». **16-D:** En el párrafo que se ha quitado se concluyen las ideas expuestas en el anterior sobre *inhibidores latentes, talento*… «Sin inhibidores latentes […] no hay talento que valga». **17-A:** Además de la conexión sintáctica, la palabra clave que permite relacionar el texto con el fragmento extraído es *intuición*: «…el talento era fruto de una reflexión. Nunca se habían analizado científicamente los **mecanismos intuitivos**». «**La intuición** no se consideraba…». **18-E:** En este caso se ve claramente la relación entre el párrafo separado: «En los últimos años, la ciencia […] ¿Cuándo? […] Cuando no se dispone de toda la información necesaria…» y el texto, donde se pone un ejemplo de la afirmación anterior: «Un ejemplo: ¿Qué población tiene…?».
No se elige el fragmento F.

Tarea 3: Relacionar seis textos y ocho enunciados. *Reseñas sobre libros de psicología*, p. 60

19-F: En esta reseña se alude a la capacidad que tiene el ser humano para sobreponerse (para seguir proyectándose en el futuro) ante los impactos emocionales negativos (a pesar de acontecimientos desestabilizadores y […] de traumas…), pese al riesgo que tiene de caer en la desesperación (…aún habiendo vivido una situación traumática, han conseguido encajarla y seguir desenvolviéndose…). **20-F:** …pruebas irrefutables (demuestra de forma contundente) …determinadas capacidades psicológicas humanas (la *resiliencia*) no constituyen una enfermedad (no indica patología). **21-D:** En este libro se dan pautas (este libro ofrece las claves) para que las familias (los padres […] hijos adolescentes) puedan resolver sus problemas (ofrece soluciones prácticas para resolver los conflictos cotidianos). **22-A:** …se hace alusión a una facultad humana (la memoria) que aglutina y da solidez (es el cemento que une, …da consistencia) a los rasgos propios de cada persona (a nuestra identidad). **23-B:** Esta obra nos ofrece una serie de términos (proporcionando un rico vocabulario) relacionados con la conducta de las personas (que explica y describe el comportamiento humano). **24-A:** En esta obra se estudia cómo (analiza las medidas…) prevenir el envejecimiento (el deterioro prematuro) de una importante facultad humana (la memoria). **25-E:** El autor de esta obra recurre al simbolismo psicológico y a la tradición histórica (mediante el simbolismo psicológico y la tradición histórica) para explicar un determinado fenómeno psicológico (…los colores y los sentimientos no se combinan de manera accidental…). **26-C:** Esta reseña menciona que ya se conocen los fundamentos (sí se conocen ya las razones) por los que una persona puede hacer frente a la adversidad (hacer frente a la contrariedad).

(11) **Tarea 4: Extraer las cinco frases que resumen un texto auditivo.** *Pidiendo ayuda a los ángeles*, p. 63

27-A: Para que los ángeles vengan en tu auxilio se lo tenemos que rogar. Los ángeles pueden cambiar tu vida, y todo lo que tienes que hacer es pedirles que te ayuden […]. **28-E:** Aunque no creamos en la existencia de los ángeles, siempre puede hacernos bien el acogernos, en caso de necesidad, a su favor. Ni siquiera el hecho de no creer en la existencia de los ángeles es un impedimento para recurrir a ellos y para beneficiarnos de su ayuda. **29-F:** Los ángeles nos escucharán si nuestra petición no es falsa. […] cualquier intento de dirigirnos a ellos que sea sincero […]. **30-H:** El paso del tiempo es algo puramente terrenal. El tiempo y la dimensión temporal no existen más que para nosotros […]. **31-I:** Si pedimos a los ángeles algo negativo, estamos atrayendo de alguna manera la negatividad hacia nosotros. Al utilizar frases negativas, aun sin ser conscientes de ello, estamos ya imaginando la pérdida, la derrota […].

- **Las frases siguientes no resumen el texto:**

B: *Atreverse, saber, poder* y *querer* son las condiciones que los ángeles ponen para ayudarnos. Vamos a contemplar, alquímicamente, esta decisión, analizando sus cuatro condiciones necesarias. Estas condiciones no las ponen los ángeles. **C:** Tras el primer recodo del camino nos espera el *querer*, la primera condición necesaria. El querer es el motor de todo. Si el motor falla […] no habrá oportunidad […] de obtener el mínimo resultado, por mucho que esa meta y esos resultados, tan deseados, estén esperándonos tras el primer recodo del camino. **D:** La fe es el punto fundamental a la hora de pedir auxilio a los ángeles. Es cierto que el poder de la fe enorme mueve montañas, pero […] no es primordial. **G:** La palabra divina suele ser una cháchara sin fondo. La charla inconsciente y ociosa encierra siempre un peligro. **J:** Cuando pedimos ayuda a los ángeles debemos pensar: «Va a salir bien aunque no creo que el resultado sea acorde con mis deseos». Se trata de evitar por todos los medios que mientras nos afanamos en componer la petición de la mejor manera, nuestra mente esté en realidad transmitiendo: «Quiero esto, pero no tengo mucha confianza en que esta petición sirva para algo». **K:** A pesar de que no creamos en los ángeles, hay que atreverse a verlos como realidades tangibles. […] atreverse a pensar que pese al hecho de que nuestros sentidos no los capten, existe la posibilidad de que los ángeles sean una realidad […] **L:** Los ángeles invisibles nos ayudarán siempre al inicio de cada día. Hay que comenzar la jornada mandando un pensamiento a los ángeles especialistas en nuestra actividad […].

(112) Tarea 5: Seleccionar las ideas expresadas por un hombre, una mujer o ninguno en un texto auditivo. *¿Existen los fantasmas?*, p. 64

32-M: Hay gente creyente que, sin embargo, no cree en la existencia de fantasmas, y eso es una paradoja. […] gente que por sus creencias dice que cree en el más allá, es decir, que todos vamos a un más allá, y luego les cuesta creer en esa parte del más allá. **33-M:** Los fantasmas son entes que no se han marchado definitivamente. […] para mí los fantasmas no son los que están en el más allá, son los que no se han ido del todo. **34-N:** Los fantasmas son muy inteligentes y adivinan siempre lo que el testigo de su presencia piensa. La mujer dice: «El fantasma se comporta de una forma inteligente, interactúa con el testigo, le da información que en muchos casos el testigo no conoce […]».**35-N:** La ciencia no conoce todo lo que ocurre en el universo, incluidos los fantasmas. El hombre dice: «Si la ciencia no sabe ni lo que está ocurriendo en el universo, ¿cómo vamos a creer además en fantasmas?». **36-H:** Más de la mitad de los estadounidenses entrevistados apoya la tesis bíblica del tiempo de la creación. En encuestas gigantescas en EE. UU. sobre la creación, el 65 % de los que opinaban, creía que el mundo se había creado en 7 días […]. **37-N:** El doctor Barnard, cuando estaba en el hospital, escribió sobre el fantasma de la mujer de la habitación contigua a la suya. La mujer dice: «…] Barnard lo cuenta en una entrevista impresa». Esa entrevista no la hizo en el hospital y no la escribe él. **38-M:** Hay tratados de parapsicología que ordenan y disponen por clases los fantasmas y sus efectos. El fantasma está clasificado y catalogado perfectamente en todos los tratados de parapsicología del mundo […].

(113) Tarea 6: Selección múltiple en un texto auditivo. *Crisis y bloqueo emocional*, p. 65

39-B: Las emociones negativas vienen del bloqueo por dos causas frecuentes. En muchas ocasiones, nos vienen (las emociones negativas) porque (*primera causa*) hemos tenido otras entrevistas que no han salido como nosotros pensábamos, (*segunda causa*) hemos tenido muy pocas entrevistas […]. La frase **A**, *Cuantos más currículos enviemos, menos ansiedad sentiremos*, no es correcta porque en el texto escuchamos: «hemos tenido muy pocas entrevistas en relación con el volumen de currículos que hemos enviado», no que sintamos menos ansiedad si enviamos más currículos. La propuesta **C**, *Cuando un desempleado se bloquea, es siempre porque ha tenido muchas entrevistas de trabajo anteriormente*, tampoco lo es, ya que el texto dice, como hemos visto antes: «En muchas ocasiones […] hemos tenido muy pocas entrevistas […]». **40-B:** Las entrevistas de trabajo que salieron mal pueden provocarnos emociones negativas. En muchas ocasiones nos vienen porque hemos tenido otras entrevistas que no han salido como nosotros pensábamos […]. La respuesta **A**, *Debemos focalizarnos en las personas que han encontrado trabajo*, no es correcta, porque en la entrevista escuchamos: «es importante que no perdamos el foco que es que a día de hoy hay personas a las que se las está contratando», no que debamos focalizarnos en las personas que han encontrado trabajo. Tampoco es correcta la **C**, *Hace diez años había las mismas personas que ahora buscando trabajo*, porque escuchamos: «[…] no estamos en la época que vivíamos hace diez años […]». **41-A:** En la actualidad hay menos empleos que candidatos. […] el nivel de personas que buscan trabajo es mucho mayor que el nivel de puestos que ahora mismo hay […]. La opción **B**, *Tenemos que escribir en un cuaderno las cinco cosas que deseamos*, no es cierta, porque en el audio dicen: «Propones que al irnos a dormir hagamos una lista de las cinco cosas positivas que nos han pasado en el día […]». Tampoco **C**, *Aunque pensemos las cosas positivas, si no las escribimos no se cumplen*, es correcta, porque el entrevistado dice: «tenemos que obligarnos a hacer una pequeña lista y a escribirlas en un papel». No las escribimos para que se cumplan, sino para que tomemos conciencia de que existen. **42-C:** Tenemos que tener un pensamiento positivo a la hora de buscar trabajo. Entrevistador: ¿Cómo podemos cambiar nuestro estado de ánimo para afrontar esa situación? Carmen: Pues lo primero es cambiar ese estado emocional. La frase **A**, *En una semana podemos encontrar más de cien cosas buenas en nuestra vida*, no es correcta, porque en el texto se dice que intentemos buscar cinco cosas positivas cada día solamente. La frase **B**, *El nivel de puestos de trabajo depende de la focalización de las personas que lo buscan*, tampoco es correcta, puesto que en el texto no se dice que el nivel de los puestos de trabajo dependa de la focalización. **43-C:** No solemos fijarnos en las cosas buenas que nos pasan en la vida. Muchas veces, no nos damos cuenta de esas cosas que sí tenemos y no nos paramos a valorarlas. **A** *La música clásica influye en nuestros pensamientos positivos*, no es correcta: en el texto dice que pongamos la música que nos guste para animarnos, no que tenga que ser música clásica. La **B**, *Valoramos demasiado las cosas que perdemos*, tampoco es correcta dado que en el texto solo se dice que las cosas buenas de nuestra vida «no nos paramos a valorarlas». **44-A:** En una entrevista laboral <u>importa menos nuestra formación académica que la emocional.</u> Muchas veces, esa necesidad <u>no la cubrimos con el currículum</u>, con la carrera o con los títulos. La cubrimos <u>con cosas mucho más sutiles</u> como son la actitud, la predisposición… La **B**, _Convencer al entrevistador de que nosotros podemos ayudarle a levantar la empresa es una forma de solucionar las crisis emocionales_, no es correcta ya que en la audición se dice: «Desde el momento en que nosotros seamos capaces de hacerle ver que lo que él busca, su necesidad, nosotros se la podemos cubrir, será lo adecuado», no que esa actitud solucione nuestras crisis emocionales. La respuesta **C**, _Tenemos que seguir los caminos creados, según Aníbal el Cartaginés_, no es correcta porque lo que Aníbal decía era: «Encontraremos un camino o lo crearemos».

(14) Tarea 7: Ocho monólogos con expresiones idiomáticas o coloquiales, p. 66

45-A: […] se me hizo un nudo en el estómago. **46-E:** […] me sentía en mi salsa. **47-C:** […] Y ni por esas. **48-G:** […] me hinché como un pavo. **49-H:** Tierra, trágame. **50-F:** Me quedé a cuadros. **51-D:** […] se me cayeron los palos del sombrajo. **52-K:** […] ajo y agua.

45-Persona 1-A. angustia. El estómago es un órgano en el que fácilmente se somatizan los nervios, la preocupación, el estrés… La imagen del **nudo** describe gráficamente esa sensación de malestar o dolor.

46-Persona 2-E. comodidad. Cuando alguien **está en su salsa**, está en su elemento, en un ambiente del que disfruta o en una charla sobre un tema que le apasiona o del que es un experto.

47-Persona 3-C. frustración. La persona que habla utiliza **y ni por esas** para explicar que a pesar de ir al psicólogo y de la ayuda de los demás, Luisa no levanta cabeza (no reacciona), lo que le produce frustración al hablante.

48-Persona 4-G. satisfacción. **Hincharse como un pavo** implica un estado de satisfacción, de orgullo por la consecución de un logro.

49-Persona 5-H. vergüenza. Usamos **tierra, trágame** cuando nos gustaría no encontrarnos en una situación que nos provoca mucha vergüenza. De ahí esta expresión, que significa el deseo de desaparecer en este momento.

50-Persona 6-F. estupefacción. **Quedarse a cuadros** significa quedarse profundamente sorprendido, perplejo, pasmado.

51-Persona 7-D. desencanto. Cuando **a alguien se le caen los palos del sombrajo** está desilusionado, decepcionado por alguna noticia negativa. Imaginemos una construcción endeble con cuatro palos para protegerse del sol, de repente derruida por el viento, que nos deja expuestos al calor extremo.

52-Persona 8-K. resignación. La expresión **ajo y agua** no es sino un eufemismo de otra que contiene un término vulgar: «A joderse y aguantarse». Se emplea cuando tenemos que aceptar una situación que no nos gusta, porque no existe otra opción.

Prueba 2 y 3: Expresión, mediación e interacción escritas y orales

En la Prueba 2, la Tarea 1 dispone de un modelo de texto expositivo-argumentativo en la página 69 del libro del alumno.
En la Prueba 3, la Tarea 2 dispone de preguntas sobre la búsqueda de la felicidad para guiar y preparar su intervención en la página 76 del libro del alumno.

Prueba 1. Uso de la lengua, comprensión de lectura y auditiva

Tarea 1: Completar los huecos. *Discurso de los Premios Príncipe de Asturias (Arturo Álvarez-Buylla),* p. 80

1-A: Cuando nos <u>adentramos</u> (penetramos en el interior de algo) al ocular de un microscopio… Las opciones *asomarse* (sacar o mostrar algo por una abertura o por detrás de alguna parte) e *inmiscuirse* (entremeterse, meterse donde a uno no le llaman) no tienen significado lógico en este texto. **2-C:** …que con sus <u>frondosos</u> (abundantes hojas y ramas) tentáculos se comunican entre sí… Se pueden relacionar metafóricamente los tentáculos de los circuitos neuronales con ramas frondosas, pero no es posible esa asociación ni con *boscoso* (que tiene bosques) ni con *yermo* (terreno inhabitado y sin cultivo). **3-B:** …puede desarticular los frágiles circuitos neuronales y <u>desencadenar</u> (originar, provocar) desequilibrios… *Encadenar* (unir, atar con cadenas) no tiene sentido en la frase y *estallar* (reventar de golpe, sobrevenir, ocurrir violentamente) es un verbo intransitivo que no puede construirse con *desequilibrios*. **4-C:** …en un camino muy <u>cuesta arriba</u> (que cuesta mucho esfuerzo). Se trata de una locución, por este motivo se excluyen *pendiente* (inclinado, en declive) y *ladera* (declive de un monte). **5-A:** …para entender cómo se <u>ensambla</u> (se une, se ajusta, se acoplan unas piezas con otras), funciona o se deteriora… Esta noción de unión y ajuste de los mecanismos del cerebro no se trasmite con *adhiere* (se pega o une a otra cosa) ni con *entronca* (establece o reconoce una relación o dependencia). **6-A:** …estamos todavía <u>en pañales</u> (tener poco o ningún conocimiento de algo). Es una locución verbal. También lo son *(estar en) la inopia* (ignorar, desconocer) y *(estar en) el aire* (en situación insegura o precaria), pero con ellas no se expresa la idea de estar en los inicios de una investigación o del conocimiento de algo. **7-A:** …encontramos en el <u>umbral</u> (paso primero y principal) de una verdadera revolución… Este sentido metafórico no es posible con los términos *dintel* (parte superior de la puerta) y *soportal* (espacio cubierto, pórtico). **8-C:** …que guarda en sus <u>entrañas</u> (partes más íntimas y esenciales) memorias y códigos… *Interioridades* se refiere a la cualidad del interior, concepto incompatible en el contexto, y *meollos* no se usa en plural en su significado de *fondo, lo principal y esencial de algo.* **9-C:** …memorias y códigos <u>pulidos</u> (corregidos, perfeccionados) por la experiencia… *Pulimentados* (alisados, con tersura y lustre) y *alisados* (de alisar: poner lisos) no poseen, como *pulidos,* el significado de *perfeccionados.* **10-B:** …por <u>novatos</u> (nuevo o principiante en cualquier facultad o materia) sin experiencia… No es lo mismo *neófitos* (persona recién convertida a una religión o adherida a una causa) ni *noveles* (con poca experiencia en un arte o profesión). **11-B:** …dentro de la <u>maraña</u> (asunto intrincado y de difícil salida) complicadísima que es el cerebro adulto… *Traba* (acción de juntar, unir) y *patraña* (mentira o invención) no tienen sentido en este fragmento. **12-B:** …<u>no es de extrañar</u> (no sorprende que…) que muchos estudiosos… No existe esta combinación fija de elementos con *admirar* y *sorprender.*

Tarea 2: Insertar los fragmentos que faltan en un texto. *La invención de la imprenta,* p. 82

13-B: «<u>Sabemos poco de la vida</u> del tan afamado protagonista, ni siquiera si las fechas de nacimiento o muerte […] son exactas». Este párrafo extraído está relacionado con el anterior y con el siguiente por el tema (los datos biográficos) y por la conexión sintáctica: «<u>a pesar de lo poco que conocemos de su vida</u>…». **14-D:** «…<u>pero no porque</u> el libro que se imprimiera fuese la Biblia», «<u>sino porque</u> esta impresión pudo llevarse a cabo…». Es muy evidente la relación sintáctica y ortográfica entre los dos fragmentos. **15-A:** «…<u>nuestro héroe no inventó la máquina de imprimir</u>…». Se puede apreciar fácilmente la relación lógica entre el texto y el fragmento separado: «<u>En la época de Gutenberg ya se imprimían naipes, grabados</u>…». **16-F:** «…Como se puede observar, <u>sí hay motivos para atenuar la originalidad</u> de la innovación de Gutenberg». La idea es que <u>es evidente</u> que hay motivos para quitar importancia a su invento, <u>pero</u> «<u>a pesar de todo,</u> es <u>imprescindible seguir hablando</u> de nuestra civilización como la <u>de la «Galaxia Gutenberg</u>». **17-C:** «La novedad de la solución de Gutenberg […] residió en que los caracteres […] <u>estaban fundidos en metal y no grabados sobre madera</u>». El texto siguiente está relacionado lógica, sintáctica y semánticamente con el párrafo extraído: «<u>Sin duda, para ello</u> le ayudó su formación de <u>orfebre</u>» (<u>persona que trabaja con oro, plata o aleaciones</u>). **18-G:** En este párrafo se habla de dos novedades fundamentales, los caracteres fundidos en metal y «Otra novedad […] fue la tinta que empleó». En el fragmento extraído se repiten las dos novedades de Gutenberg: «<u>Tipos metálicos móviles y tinta de nueva</u>

composición…» y se les da la importancia que merecen en el éxito obtenido: «pueden parecer innovaciones menores y, sin embargo, fueron las modestas e ilustres responsables del inmenso éxito de la imprenta de Gutenberg».

No se elige el fragmento E.

Tarea 3: Relacionar seis textos y ocho enunciados. *Reseñas sobre ciencia*, p. 84

19-C: …ofrece una exposición sumaria (un compendio) de los aspectos más esenciales de la ciencia del universo. **20-A:** …se complementa con recursos (incluye una sección de notas, con numerosos enlaces a Internet) para el lector que quiera ahondar en estos temas (para ampliar la información). **21-D:** …se habla sobre un hallazgo tecnológico (el detector estadounidense LIGO logró tal proeza) que ha permitido ratificar lo que hasta entonces era una hipótesis científica (el fenómeno de las ondas gravitatorias; según la teoría, cuando un objeto masivo acelerado se desplaza, emite ondas gravitatorias). Lo que validó nuevamente la teoría de la relatividad. **22-F:** …la característica humana relacionada con la curiosidad (nuestra necesidad de buscar respuestas) y, a la vez, nuestras limitaciones para entender lo que nos rodea (nuestras carencias para la comprensión de nuestro entorno). **23-B:** …se defiende (revela la importancia) la interdisciplinariedad en los estudios científicos (la interconexión entre distintos campos científicos). **24-A:** …en tela de juicio presupuestos asumidos como ciertos (cuestiona la afirmación de que somos una civilización avanzada) argumentando que diversas particularidades (diversas peculiaridades) de la humanidad ponen en duda (ponen en entredicho) esta afirmación. **25-E:** …se pretende transmitir conocimientos farragosos (aspectos que pudieran resultar más ininteligibles) a través de un estilo asequible (explicar de la manera más sencilla posible). **26-B:** …se destaca cómo procedimientos aparentemente nimios (observaciones sobre el vuelo de los estorninos) pueden originar grandes descubrimientos (impulsaron su comprensión de los sistemas complejos).

(16) Tarea 4: Extraer las cinco frases que resumen un texto auditivo. *La influencia del Sol en la Tierra*, p. 87

27-B: El Sol proporciona los elementos necesarios para que en la Tierra haya vida. […] sin él no sería posible la vida animal o vegetal. **28-E:** La energía solar tardará en extinguirse unos 5 000 millones de años. El Sol se formó hace 4 650 millones de años y tiene combustible para otro tanto. **29-G:** Las tormentas solares son cíclicas y provocan el llamado *viento solar*. Cada 11 años, el Sol entra en un turbulento ciclo conocido como *actividad máxima solar,* que propicia que el planeta Tierra sufra una tormenta de Sol. […] Toda esa mezcla conforma el llamado *viento solar* […]. **30-H:** Los elementos químicos pesados del Sol hacen que haya cambios biológicos en la Tierra. […] elementos químicos superpesados […]. Todo esto afecta a la biología humana. **31-J:** Muchas enfermedades propagadas entre la población a lo largo de los siglos han ocurrido al mismo tiempo que una gran actividad solar. Las grandes epidemias que han azotado y diezmado a la humanidad parecen coincidir con periodos de intensa actividad solar.

Las frases siguientes no resumen el texto:

A: El Sol es un espectro amarillo G2 que está en el centro de los sistemas solares.
El Sol es considerado generalmente como una *estrella enana amarilla* de tipo espectral G2 que se encuentra en el centro del sistema solar. **C:** El calor del Sol tarda algo más de 8 minutos en llegar a la Tierra. […] la luz tarda 8 minutos y 19 segundos en llegar hasta nosotros. **D:** Dado que el Sol es la estrella más cercana a la Tierra, se le han creado ritos y ceremonias. Es una de las estrellas más cercanas a nosotros y su brillo es verdaderamente grande, tanto que en el pasado se le crearon ritos y ceremonias para venerarlo. **F:** Cuando el helio del Sol se transforme en hidrógeno, esta estrella morirá. Llegará con esto un día en el que el Sol agote todo el hidrógeno y lo transformará en helio; entonces se iniciará su etapa moribunda. **I:** Los ataques de esquizofrenia y suicidios están provocados por las tormentas solares. Lo que sí se sabe es que cuando aumenta el viento solar se registran más casos de esquizofrenia […] y tienen lugar más suicidios. **K:** Los *heliobiólogos* son astrofísicos dedicados a estudiar el Sol. Trabajando junto con los astrofísicos, los *heliobiólogos* han llegado muy lejos. **L:** Los microorganismos de las tormentas solares anticipan sus propios cambios de 4 a 6 días antes de que se produzcan. […] las bacterias patógenas anticipan estos cambios en ellas entre 4 y 6 días antes de que tenga lugar la tormenta solar.

(17) Tarea 5: Seleccionar las ideas expresadas por un hombre, una mujer o ninguno en un texto auditivo. *La teoría de la evolución de Darwin,* p. 88

32-N: Las teorías de Darwin nacieron como apoyo al creacionismo tradicional, que hablaba de Dios como creador absoluto. La mujer dice: Deberíamos explicar la evolución de Darwin como una respuesta a la creencia que en su época existía de que todas las especies vivas […] habían sido creadas directamente […] por el dedo de Dios […]. Entonces Darwin se dio cuenta de que sí había un proceso natural que podía explicarlo […]. **33-H:** En algunas universidades europeas se estudió científicamente la evolución antes de que Darwin hablara de ello. Cien años antes de la teoría de las especies […] la universidad, fundamentalmente La Sorbona y Berlín, lo estudiaron como algo físico […]. **34-H:** En el siglo XVIII ya había investigadores de la evolución de los seres vivos. Cien años antes de la teoría de las especies […] estaban estudiando la evolución científicamente en las universidades. **35-M:** La variabilidad en las diferentes generaciones hizo que Darwin se diera cuenta del elemento natural en la evolución. Darwin se dio cuenta de que sí había un proceso natural que podía explicarlo, que era la variabilidad […]. **36-H:** Darwin no estudió científicamente la evolución, sino ideológicamente. […] el darwinismo no es una teoría científica, sino una ideología. **37-H:** Los individuos más idóneos y hábiles de una sociedad prevalecen sobre los demás. […] una especie más fuerte […] había acabado con los que vivían en las zonas colonizadas […]. **38-N:** Darwin se fijó fundamentalmente en la selección artificial de las especies, es decir, en las causas más que en los efectos. La selección natural va mucho más allá de la selección artificial en la cual se fijó Darwin, efectivamente, pero porque necesitaba algo sobre lo cual componer lo que más tarde se ha visto que no es una causa, sino un efecto.

(18) Tarea 6: Selección múltiple en un texto auditivo. *Entrevista a Roberto Sáez,* p. 89

39-C: El enfoque principal de las disciplinas actuales, como la bioarqueología de la compasión, en el estudio de la evolución humana, según el entrevistado, es la cooperación y la compasión. «[…] ahora reconocemos la importancia de la cooperación y la compasión […]». No es A, porque lo que nos dicen es: «Hasta hace dos décadas, el estudio de la evolución humana se centraba en morfología y arqueología». Tampoco es B, de lo que nos hablan es de la relación del cambio en el cerebro con la cooperación y el cuidado. **40-B:** El desafío que cuestiona la idea de la supervivencia individualista en la evolución humana es la cooperación. «[…] subrayando la esencial cooperación en la evolución grupal […]». No es la A, porque lo que se nos cuenta es: «Estudios recientes desafían la noción de una supervivencia basada únicamente en la competencia». Tampoco es la C porque, como hemos visto en 39, «Hasta hace dos décadas, el estudio de la evolución humana se centraba en morfología y arqueología». **41-B:** La relación entre el cambio en el cerebro humano hace dos millones de años con la evolución grupal es el desarrollo de habilidades sociales. «[…] El desarrollo de habilidades sociales, la colaboración en el parto […]». No es A (*la orientación hacia la competencia*), porque la competencia no tiene nada que ver con los cambios en el cerebro humano. La C tampoco, porque lo que escuchamos es: «La evolución, lejos de ser lineal, implicó la desaparición de algunos grupos, pero otros prosperaron al adoptar comportamientos cooperativos y compasivos». **42-B:** Los rituales funerarios son exclusivos de los humanos y caracterizan nuestra identidad como especie. «El tratamiento de los muertos y la institucionalización de la compasión parecen ser exclusivos de los humanos». En cuanto a *la cooperación social* (**A**), se relaciona con el cambio en el cerebro. Respecto a la C escuchamos: «El cambio en el cerebro humano hace dos millones de años fue un hito clave […] la colaboración en el parto y la crianza se volvieron cruciales». **43-A:** Una de las causas del cambio cerebral hace dos millones de años, pero no la única, es la adaptación a nuevos entornos. «El cambio en el cerebro hace dos millones de años no solo se debió a la adaptación a nuevos entornos, sino […]», por lo tanto, la B y la C son imposibles. **44-C:** El hito clave en la evolución humana que se estima que existe desde hace casi medio millón de años es la capacidad física de hablar. «La capacidad de hablar, incluso antes del desarrollo de lenguajes estructurados, fue un hito». No puede ser B porque se dice: «El uso temprano de plantas medicinales por neandertales y *Homo erectus* indica un conocimiento incipiente de la medicina». En cuanto a la A, no escuchamos que el desarrollo cerebral fuera un hito histórico desde hace casi medio millón de años, lo fue hace dos millones de años.

45-I: ¡Qué humos tiene el señor! **46-E:** A mí ni fu ni fa. **47-C:** ¡Y ahora estoy dando palos de ciego! **48-J** Estoy que doy palmas con las orejas. **49-D:** Me quito el sombrero. **50-K:** Me da que no tiene mucha idea. **51-A:** […] estoy de bajón. **52-H:** Siempre está en las nubes.

45-Persona 1-I. pedantería. Después del discurso tan elevado que escucha, su única respuesta es **¡qué humos tiene el señor!** Esta expresión significa que la persona que habla se cree mejor de lo que realmente es, tiene una autoestima desmedida.

46-Persona 2-E. indiferencia. **Ni fu ni fa** indica que no me gusta *fu*, pero tampoco *fa*. Para mí son iguales.

47-Persona 3-C. desamparo. La expresión **dar palos de ciego** significa actuar sin saber lo que se hace ni los resultados derivados de esa acción.

48-Persona 4-J. júbilo. Cuando **doy palmas con las orejas** es que estoy extremadamente contento.

49-Persona 5-D. admiración. Esta expresión indica que *me arrodillo ante ti, siento una profunda admiración por ti*. Para ello, **me quito el sombrero**.

50-Persona 6-K. desconfianza. La estructura *dar que* indica algo similar a *creer que* o *tener la sensación de que* como una clara marca de desconfianza.

51-Persona 7-A. desánimo. **Estar de bajón** (o **estar de capa caída**) es lo contrario que **estar de subidón**, donde *bajar* es deprimirse o ponerse triste, mientras que *subir* significa todo lo contrario.

52-Persona 8-H. distracción. **Está en las nubes** quien no está en la tierra; esto es, estar distraído o pensando en otra cosa.

Prueba 2 y 3: Expresión, mediación e interacción escritas y orales

En la Prueba 2, la Tarea 1 dispone de un folleto informativo en la página 93 del libro del alumno.
En la Prueba 3, la Tarea 2 dispone de preguntas sobre ciencias, letras y mundo laboral para guiar y preparar su intervención en la página 100 del libro del alumno.

Tarea 1: Completar los huecos. *Elaborar productos de forma sostenible,* p. 104

1-B: Y lo hizo después de publicar el libro *The Blue Economy,* <u>en el que</u>, además de explicar el concepto […]. Las otras dos opciones (*en que, quien*) no son correctas. Para que lo sea, lo que antecede a *que* debe funcionar como complemento de tiempo por sí solo. En nuestro caso, el libro no es complemento de tiempo; por lo tanto, es imposible quitar el artículo. Por otra parte, *quien*, se refiere siempre a personas. **2-A:** […] que imiten el funcionamiento de la naturaleza; <u>es decir</u>, que se aprovechen al máximo los recursos […]. *Es decir* puede ir precedido de coma, punto y coma e incluso punto. Además, es un conector consecutivo, sinónimo de *como consecuencia. Sin embargo,* por otra parte, es un conector de oposición o contraste, por lo que en esta frase no puede usarse, ya que no opone ni contrasta nada con lo anterior. Lo mismo ocurre con *pero.* **3-B:** […] los residuos generados sean escasos o, que, <u>en caso de</u> producirlos, se transformen en materias primas para crear nuevos productos. Aunque los tres conectores propuestos significan lo mismo, no se pueden usar de igual modo. *En caso de* **(B)** necesita llevar detrás un infinitivo, como en esta frase. *En el caso de que* **(A)**, lleva detrás un verbo conjugado en subjuntivo (*en el caso de que haya productos…*). Por otra parte, *en caso que* **(C)** es incorrecto, puesto que omite la preposición *de* imprescindible. **4-C:** Para entender mejor <u>de qué</u> se trata y cómo funciona la economía azul, vamos a conocer los principios más importantes en los que se basa. En este caso, *qué* necesita tilde, ya que es una pregunta indirecta. Como consecuencia, no podemos usar *de que* **(A)** y **B** (*en qué*) es incorrecta porque el verbo *tratarse* siempre llevará preposición *de*, nunca *en*. **5-A:** <u>Sin embargo</u>, para Gunter Pauli […]. Hemos comentado en el ítem 2 que *sin embargo* indica oposición o contraste. En este párrafo del texto, nos dicen que Gunter Pauli opina de forma diferente a los autores e instituciones nombradas anteriormente. La respuesta **B** (*Como*) no es correcta, ya que se usa en lugar de *porque*, pero al inicio de la frase. La **C** (*a pesar de*), por su parte, necesita llevar detrás un infinitivo. **6-A:** […] la principal diferencia radica <u>en que</u> mientras la economía azul busca la eficiencia […]. Es una conjunción que introduce oraciones subordinadas sustantivas en función de sujeto. No pueden ser **B** ni **C** por lo que vimos en el ítem 1. **7-B:** […] aprovechando los recursos disponibles <u>sin que</u> el precio de los costes se incremente […]. El pronombre relativo *que* puede llevar delante preposición, como hemos visto en casos anteriores. *Sin* **(A)** lleva detrás un nombre (*sin el libro*) o un verbo en infinitivo (*llegó sin saber cómo*). *Que* **(C)** es un relativo que hace referencia a lo anterior (*los recursos disponibles, que incrementan los precios…*). *Sin que* puede llevar detrás un nombre o un verbo en subjuntivo. **8-C:** […] conlleva una mayor inversión <u>por parte de</u> las compañías y que se traslada al usuario final […]. *Por parte de* indica origen, una parte de un conjunto o puede ser un mero sinónimo de *por*. La opción **A** (*en parte de*), no es posible porque significaría 'en una parte de las compañías', no en todas. Lo mismo ocurre con **B** (*parte de*). **9-C:** […] se traslada al usuario final, <u>quien</u> debe pagar un mayor precio por obtener un bien o servicio producido con sostenibilidad y responsabilidad. Cuando *quién* lleva tilde, se trata de un pronombre interrogativo o exclamativo, y se diferencia, gracias a la tilde, del pronombre relativo *quien*. El plural del pronombre interrogativo o exclamativo *quién* es *quiénes* y también lleva tilde cuando cumple esta función. *Quién* o *quiénes* se refieren siempre a personas y no a cosas, y se utilizan para introducir oraciones interrogativas o exclamativas directas e indirectas. Como pronombre relativo, es una palabra átona que se escribe sin tilde. **10-B** También es común que las actividades productivas desarrolladas en los océanos, […] <u>reduzcan</u> su impacto negativo en el medioambiente […]. Las valoraciones con la construcción *es + adjetivo* llevan siempre subjuntivo, excepto cuando significan *verdad*. Por otra parte, *redujeran* (imperfecto de subjuntivo) se refiere a algo pasado o deseable. En esta frase no ocurre ninguna de las dos cosas. **11-B:** <u>En todo caso</u>, se trate de la economía azul enfocada en los océanos o en la que imita el funcionamiento de la naturaleza […]. Estamos ya al final del texto. Esta sería la conclusión de un texto argumentativo, donde previamente se han aportado argumentos a favor y en contra de la economía azul. *En todo caso* es una locución adverbial que aquí significaría 'sea como sea, finalmente, en definitiva'. *Por mucho que* **(A)** es una locución subordinante que crea cláusulas concesivas, similar a *aunque*, y no llevaría coma detrás, sino un verbo. Lo mismo ocurre con la **C** (*Aunque*). **12-B:** […] y adaptar nuestros hábitos de consumo <u>a</u> modelos más respetuosos con el medioambiente. El verbo *adaptar/se* lleva detrás la preposición *a*, no *por* ni *para*.

Tarea 2: Insertar los fragmentos que faltan en un texto. *Economía y literatura*, p. 106

13-C: «…a los que habría que agregar otros españoles ilustres: en poesía, Jovellanos, un inspirado prerromántico…». Los dos puntos del párrafo extraído y la enumeración que les sigue son las claves de este ítem. **14-D:** «En España, en torno a 1900, <u>hubo escritores</u> atentos al fenómeno de la industrialización […]». «<u>Algunos</u> tenían conocimientos de economía que iban más allá de lo habitual, incluso en personas cultivadas». La relación sintáctica y discursiva entre *escritores* y *algunos* es evidente. **15-G:** «Mención particular merece, en sendos artículos de Santos Redondo y de Alfonso Sánchez Hormigo, <u>Leopoldo Alas</u>. «Más conocido por su seudónimo (*Clarín*) […]» subraya con posesivo *su* la relación lógica que tiene con Leopoldo Alas. **16-A:** «Sorprende gratamente -como todo en su obra- la sagacidad económica de <u>Josep Pla</u>». «Luis M. Linde analiza <u>su</u> perspectiva liberal…». El posesivo *su* del párrafo extraído hace referencia a Josep Pla, escritor mencionado en la línea anterior. **17-F:** «Hubo casos de obras literarias escritas con la finalidad de <u>propagar ideas sociales</u>. Un claro ejemplo es Harriet Martineau…». «<u>Así</u>, José Jurado se ocupa de la noción de consumo suntuario en la Ilustración». El término *así* del texto general se usa para continuar con los ejemplos (*José Jurado…*) de obras literarias escritas <u>para propagar ideas sociales</u>. **18-E:** En esta parte del artículo seguimos hablando de «casos de obras literarias escritas con la finalidad de propagar ideas sociales». Antes se ha mencionado a varios autores, entre ellos <u>Cervantes</u>, que criticaron alguna medida económica o social del momento y, <u>en oposición a ellos</u>, está <u>Quevedo</u>, que defiende una medida económica. Por eso se dice: «Cosa muy distinta fue el Quevedo de *El chitón de las tarabillas*, donde se llega a elogiar la desastrosa devaluación de la moneda de vellón llevada a cabo por Felipe IV…». No se elige el fragmento B.

Tarea 3: Relacionar seis textos y ocho enunciados. *Reseñas sobre economía*, p. 108

19-C: …se exhorta (te invita) al lector a desestimar todo lo aprendido (a olvidar todo lo que sabes) y a reparar en fallos inadvertidos para sacar provecho de ellos (te enseña algunos errores en tus decisiones […] que te resultarán de gran utilidad). **20-B:** …en esclarecer la terminología económica mediante un relato de ficción (incorpora la explicación de la teoría económica en una trama novelesca). **21-D:** …se subraya la necesidad de analizar la economía desde una perspectiva menos mecanicista (La economía es también libertad y no solo mecanismo) y más humanística (…su perspectiva antropológica para analizar la naturaleza humana). **22-E:** …se señala que la modernización de los negocios (la integración de nuevas tecnologías en el entramado empresarial), junto al respeto a las libertades (contar con sólidos principios democráticos) y a las posesiones de los individuos (la protección de los derechos de propiedad), es clave para el progreso económico (desarrollo económico) de los países. **23-C:** …se explicita que no hallaremos la panacea para el éxito económico. (No vas a encontrar el 'método secreto' ni las claves para hacerte millonario). **24-D:** …reparar en la reiteración de hechos y conductas (advierte la presencia en la economía de constantes arraigadas) para analizar la economía con un enfoque deontológico (la economía no puede separarse de la ética). **25-A:** …es una recopilación de teorías económicas (una guía esencial con más de 100 de las grandes ideas de la teoría y la práctica económica) escritas para personas no expertas en la materia (una obra perfecta para los estudiantes que se inicien en las ciencias económicas, así como para cualquier persona interesada en cómo funciona la economía). **26-F:** …se defienden los beneficios de un cambio radical en el sistema pecuniario (Rogoff propone como solución una transición gradual hacia una economía sin efectivo, con moneda digital) –no carente de riesgo (la ciberseguridad se convertiría en un elemento de preocupación)– con intervencionismo del Estado (debería estar supervisado por los gobiernos).

(21) Tarea 4: Extraer las cinco frases que resumen un texto auditivo. *Las crisis económicas*, p. 111

27-B: En el siglo III, el aumento de los precios, extraordinariamente elevado, se hará permanente a causa de la gran emisión de monedas baratas. La primera (crisis) dura desde el 235 hasta el 284. Fue un periodo inestable, el Imperio sufrirá una gran inflación crónica derivada del exceso de fabricación de monedas con <u>cada vez menos porcentaje de plata y oro</u>. **28-D:** La periódica aparición de la peste es normal en parte de Europa, África y Asia hasta el siglo VIII. Los brotes de peste bubónica se volverían <u>recurrentes</u> hasta el 750 y se extenderían por Europa occidental, Asia y África. **29-F:** A mediados del siglo XIV hubo una epidemia catastrófica en Europa y las personas que vivían en el campo se fueron a las ciudades. Sin embargo, fue otro brote de peste bubónica y de peste negra, de 1346 a 1353, la epidemia más devastadora de la historia de Europa. Mucha gente emigró a las ciudades desde el campo. **30-G:** A principios del siglo XVII, los conflictos, la falta de comida y las enfermedades siguen paralizando la economía europea. Hacia 1600, Europa ya se había recuperado de los efectos de la peste negra. Sin embargo, la situación se estanca debido a guerras, hambrunas o epidemias. **31-K:** En el siglo XIX, muchas personas que trabajaban en el campo emigraron a América. Las crisis del siglo XIX […] Los campesinos comenzaron a abandonar sus campos buscando empleo en las ciudades o incluso probando fortuna en otros continentes, en especial en América.

- **Las frases siguientes no resumen el texto:**

A: La primera crisis económica empieza en el 284 y dura hasta muchos siglos después. La primera dura desde el 235 hasta el 284. **C:** La economía y la sociedad evolucionarán, poco a poco, a formas cada vez menos feudales, hacia lo que se conoce como Edad Moderna. La economía y la sociedad evolucionarán hacia lo que se conoce como Edad Media. **E:** En el siglo VIII la peste condicionó completamente la economía y los sueldos bajaron enormemente. La peste desarticuló totalmente la economía, los salarios se dispararon ante la falta de mano de obra, lo que tuvo como consecuencia una hiperinflación que durará decenios. **H:** La creación de los primeros bancos nacionales origina la mejora de los rendimientos agrícolas. A la mejora de los rendimientos agrícolas, al aumento del comercio, en especial entre América y Europa, se añade la creación de los primeros bancos nacionales. **I:** El estallido de la burbuja de la Compañía de los Mares del Sur de 1720 fue la única crisis del siglo en Europa. En el XVIII también hubo algunas crisis (en Europa), como el estallido de la burbuja de la Compañía de los Mares del Sur de 1720. **J:** En el siglo XIX, las crisis económicas nacieron del pánico de 1825, un colapso bursátil que comenzó en Inglaterra. Las crisis del siglo XIX fueron muy numerosas, por ejemplo, el pánico de 1825, un colapso bursátil que comenzó en el Banco de Inglaterra. **L:** Tras la invasión de Kuwait por parte de Irán se produjeron una subida general de los precios y pequeñas inestabilidades políticas. La crisis de la guerra del Golfo, tras la invasión de Kuwait por parte de Irak en agosto de 1990, generó una subida en el precio del crudo e inestabilidad política y económica.

(22) Tarea 5: Seleccionar las ideas expresadas por un hombre, una mujer o ninguno en un texto auditivo. *Las rebajas,* p. 112

32-H: A finales del siglo pasado, la gente compraba ropa hasta seis veces menos que ahora. Hace 40 años, la media de compra de textiles era de tres veces al año y una muy importante cuando llegaban las rebajas. **33-M:** Hay distintas variables que influyen en los hábitos del consumidor, como, por ejemplo, la situación económica. Sin embargo, lo que sí ha cambiado con el tiempo es el hábito del consumidor: cómo nos enfrentamos a estas rebajas, la situación económica y otras variables más. **34-N:** Hace años se hacía una competencia leal en derechos y obligaciones. Pero ya hace más de 25 años que tenemos, afortunadamente, una regulación comercial que está muy interiorizada. **35-N:** El comprador de rebajas es siempre desconfiado. Hoy en día tenemos un consumidor con un alto grado de desconfianza, y todo aquello que no haya comprado con anterioridad, especialmente en diciembre, son compras que no se hacen y se dejan para rebajas. **36-H:** Está prohibido fabricar productos exclusivamente para la época de rebajas. Eso no quita que se produzcan infracciones, problemas, reclamaciones e incluso que haya especialmente grandes compañías que utilicen las rebajas en exceso en el tema promocional y fabriquen especialmente para rebajas. Eso es un fraude. **37-N:** Los *outlets* perjudican el buen nombre de algunas marcas importantes. Hoy tenemos centros comerciales que son 100 % de *outlet* de marcas de muchísimo renombre. **38-H:** Vivimos en un mundo de rebajas constantes en productos de diferentes tipos. Antes las rebajas se centraban en lo que era moda, y ahora lo hacen prácticamente todos los sectores.

(23) Tarea 6: **Selección múltiple en un texto auditivo.** *Entrevista a la escritora mexicana Yael Weiss,* p. 113

39-A: La entrevistada considera importante no informarse solo a través de terceros porque los medios tienen un punto de vista sesgado. […] porque en los medios tenemos un punto de vista y hay cosas que defender, pero creo que no hay mejor manera de conocer lo que está sucediendo que confrontarlo con una experiencia directa, que fue lo que me sucedió a mí. La **B** *(los migrantes no son una fuente confiable)* no es correcta, porque en el audio se dice que «uno puede ir hacia los migrantes y tomar ciertos testimonios e ideas de primera mano». Asimismo, la **C** *(la información de terceros es siempre falsa)* no es correcta porque la entrevistada dice: «Deberíamos aprender a no informarnos y tener ideas solamente a través de la visión de terceros, porque siempre hay una visión que pasa por nosotros, hay que confrontarla con la propia». **40-B:** La entrevistada describe la reacción ante la expresión *crisis migrante* como una crisis de acogida. Quizás la crisis no es migrante, sino que es una crisis de acogida a los migrantes. La respuesta **A** *(Un problema natural)* no es correcta. Lo que la entrevistada dice es: «Tampoco hemos aprendido a ver este fenómeno migratorio como algo natural, algo que está inscrito en la naturaleza humana». Asimismo, la **C** *(una situación aislada)* no es correcta porque la entrevistada dice: «Es una gran historia lo que está sucediendo en las fronteras de nuestro país, con sus grandes tragedias». **41-B:** La entrevistada llama a sus escritos *relatos de la realidad* porque recrea momentos reales. «Lo llamo *relatos de la realidad* porque ahí no había nada que inventar, los personajes, la situación crítica, el momento ya estaban puestos». Ni la **A** *(Inventa situaciones)* ni la **C** son correctas precisamente porque son relatos de la realidad. **42-B:** El drama humano que presenció llevó a la entrevistada a continuar escribiendo crónicas sobre el fenómeno migratorio. «Me encontré con un drama humano: estamos frente a personas que están arriesgando la vida, […] Y escribí una primera crónica y, a partir de ahí, me fui enganchando». La respuesta **A** *(Su interés en la clandestinidad)* es falsa. Lo que sí comenta que fue clandestina fue la unión de las personas que emigraron. La **C** *(La necesidad de inventar historias)* también lo es, dado que las historias no son inventadas. **43-C:** Para la entrevistada, una crónica es un relato de la realidad. Entrevistadora: «Tú has dicho que la crónica es el relato de la realidad y usas este género para compartirnos este libro». La **A** *(Un relato de ficción)* no es correcta porque si es un relato de la realidad, no puede ser de ficción. La **B** *(Un testimonio mediático)* tampoco es correcta porque lo que la entrevistada afirma es que la primera vez que fue a conocer de primera mano el fenómeno migratorio en Tijuana, este fue muy mediático. **44-B:** Para la entrevistada, el fenómeno migratorio en la historia de la humanidad es natural y parte de la naturaleza humana. […] «tampoco hemos aprendido a ver este fenómeno migratorio como algo natural, algo que está inscrito en la naturaleza humana». La **A** *(Es un fenómeno aislado y nuevo)* es incorrecta, porque a lo largo de toda la historia de la humanidad ha habido movimientos migratorios. Como consecuencia, la **C** también es errónea.

(24) Tarea 7: **Ocho monólogos con expresiones idiomáticas o coloquiales,** p. 114

45-L: ¡Te has pasado tres pueblos! **46-H:** […] ¿se ha creído que me chupo el dedo? **47-A:** […] se me pusieron los ojos como platos. **48-F:** Me tiré a la piscina. **49-I:** […] estoy en ascuas. **50-E:** […] me doy con un canto en los dientes. **51-B:** […] me vine arriba. **52-G:** […] irse de rositas.

45-Persona 1-L. exceso. Uno de los significados de **pasarse** es excederse. El añadido **tres pueblos** juega con el significado de *pasar* como *cruzar un lugar* e intensifica la fuerza de la expresión.
46-Persona 2-H. candidez. Una persona que **se chupa el dedo** es considerada ingenua.
47-Persona 3-A. asombro. Cuando a alguien **se le ponen los ojos como platos** (es decir, muy abiertos), se queda muy sorprendido.
48-Persona 4-F. osadía. **Tirarse a la piscina** significa *emprender, de manera decidida, una acción que implica un riesgo.*
49-Persona 5-I. inquietud. Las **ascuas** son fragmentos incandescentes de cualquier materia. Cuando alguien **está en ascuas** se siente en un estado de agitación, inquietud, a la espera de la resolución de una situación.
50-Persona 6-E. conformidad. **Darse con un canto en los dientes** significa darse por satisfecho con un resultado que no es el mejor de los esperados, pero sí juzgado como favorable porque se temía algo peor.

51-Persona 7-B. arrebato. Cuando alguien **se viene arriba** se halla en un estado de optimismo en el cual toma una decisión de manera impulsiva.

52-Persona 8-G. determinación. La expresión **irse de rositas** significa salir impune de una situación, esto es, no recibir el merecido castigo por una conducta o actuación maliciosa. Por tanto, el hombre expresa una firme determinación para impedir esta eventualidad.

Prueba 2 y 3: Expresión, mediación e interacción escritas y orales

En la Prueba 2, la Tarea 1 dispone de un modelo de carta de reclamación en la página 117 del libro del alumno. En la Prueba 3, la Tarea 2 dispone de preguntas sobre el empleo, el desempleo y el emprendedor frente al asalariado para guiar y preparar su intervención en la página 124 del libro del alumno.